ଅସରନ୍ତି ଅନ୍ତାକ୍ଷରୀ

ରକ୍ଷକ ନାୟକ

BLACK EAGLE BOOKS
2020

BLACK EAGLE BOOKS

USA address:
7464 Wisdom Lane
Dublin, OH 43016

India address:
E/312, Trident Galaxy, Kalinga Nagar,
Bhubaneswar-751003, Odisha, India

E-mail: info@blackeaglebooks.org
Website: www.blackeaglebooks.org

First International Edition Published by
BLACK EAGLE BOOKS, 2020

ASARANTI ANTAKSHARI
by **Rakshak Nayak**

Copyright © **Rakshak Nayak**

All rights reserved. No part of this publication may be reproduced, stored in a retrieval system, or transmitted, in any form or by any means, electronic, mechanical, photocopying, recording or otherwise without the prior permission of the publisher.

Cover & Interior Design: Ezy's Publication

ISBN- 978-1-64560-103-6 (Paperback)

Printed in United States of America

ଅସରନ୍ତି ଅନ୍ତାକ୍ଷରୀ

ବହି ବିଷୟରେ ଦି'ପଦ

'ଅସରନ୍ତି ଅନ୍ତାକ୍ଷରୀ' ମୋର ଚତୁର୍ଥ କବିତା ସଂକଳନ। ବହିଟି ପ୍ରକାଶ ପାଇଥିଲା ୨୦୧୧ରେ। ପ୍ରକାଶ କରିଥିଲେ ସୃଜନ, ଭୁବନେଶ୍ୱର। ପ୍ରିୟ ପ୍ରକାଶକ ଅନୁଜ ସୁଧୀର ମଉଡ଼ମଣି ବଡ଼ ଆଗ୍ରହରେ ବହିଟିକୁ ଛପାଇଥିଲେ। ମୋର ଏଯାବତ୍ ପ୍ରକାଶିତ ଦଶଖଣ୍ଡ କବିତା ସଂକଳନ ମଧ୍ୟରୁ ଛ'ଟି ସେ ପ୍ରକାଶ କରିଛନ୍ତି। ବହିଟିର ପ୍ରଚ୍ଛଦ କରିଥିଲେ ବନ୍ଧୁ ଅତୁଲ ବଳ। ପ୍ରକାଶନ ଖୁବ୍ ଉଚ୍ଚମାନର ଥିଲା। ଏଇ ବହିଟି ୨୦୧୩ରେ ଓଡ଼ିଶା ସାହିତ୍ୟ ଏକାଡେମୀ ପୁରସ୍କାର ମୋ ପାଇଁ ଆଣିଥିବାରୁ ଟିକେ ବେଶୀ ପ୍ରିୟ ମୋର।

ଏଥିରେ ପ୍ରକାଶିତ ଅନେକ କବିତା ପୂର୍ବରୁ ବିଭିନ୍ନ ପତ୍ରପତ୍ରିକାରେ ପ୍ରକାଶ ପାଇ ଚର୍ଚ୍ଚିତ ହୋଇଥିଲା। ବହି ଆକାରରେ ପ୍ରକାଶିତ ହେଲା ପରେ ଅନେକ ପସନ୍ଦ କରିଥିଲେ। ମୋଟ ଉପରେ ବହିଟି ଆରମ୍ଭରୁ ମତେ ସନ୍ତୋଷ ଦେଇଚାଲିଛି। ସୁଖର କଥା, ଏହି ବହିଟିର ୪୨ଟି କବିତା ପ୍ରଖ୍ୟାତ ଅନୁବାଦକ ଡ. ଶଂକରଲାଲ ପୁରୋହିତ ହିନ୍ଦୀରେ ଅନୁବାଦ କରିଛନ୍ତି, ଯାହା 'ସବ୍ ବନ୍ଦରଗାହୋ ମେ ସ୍ୱାଗତଂ' ନାଁରେ ୨୦୧୭ରେ 'ବିଶ୍ୱମୁକ୍ତି', ଭୁବନେଶ୍ୱର ପକ୍ଷରୁ ପ୍ରକାଶିତ ହୋଇଛି। ସ୍ୱତଃସ୍ଫୂର୍ତ୍ତ ଭାବରେ ଡ. ପୁରୋହିତ କବିତାର ଅନୁବାଦ କରି ମତେ ଋଣୀ କରିଛନ୍ତି।

'ଅସରନ୍ତି ଅନ୍ତାକ୍ଷରୀ' ଆନ୍ତର୍ଜାତିକ ସଂସ୍କରଣ ପ୍ରକାଶ ପାଇବା ମୋ ପାଇଁ ଏକ ସୁଖଦ ଉପଲବ୍ଧି। 'ବ୍ଲାକ୍ ଇଗଲ୍ ବୁକ୍ସ' ଖୁବ୍ କମ୍ ଦିନ ଭିତରେ ପ୍ରକାଶନ ଜଗତରେ ଆଲୋଡ଼ନ ସୃଷ୍ଟି କରିପାରିଛି। ଓଡ଼ିଆ ବହିକୁ ଅନ୍ତର୍ଜାତୀୟ ସ୍ତରରେ ଉପଲବ୍ଧ କରାଇବାରେ ପ୍ରକାଶନ ପଥ ପ୍ରଦର୍ଶକର ଭୂମିକା ନେଇଛି। ଏହି ଅବସରରେ ସତ୍ୟ ପଟ୍ଟନାୟକ ଓ ଅଶୋକ ପରିଡ଼ାଙ୍କୁ ଧନ୍ୟବାଦ ଓ କୃତଜ୍ଞତା ଜଣାଉଛି।

ମୋ ସହିତ ସବୁବେଳେ ଅଛନ୍ତି ବନ୍ଧୁ ଅତୁଲ ବଳ ଓ ସାନଭାଇ ସୁଧୀର ମଉଡ଼ମଣି। 'ଅସରନ୍ତି ଅନ୍ତାକ୍ଷରୀ'ର ନବକଳେବର ସମୟରେ ମୁଁ ତାଙ୍କୁ ହାର୍ଦ୍ଦିକ ଶ୍ରଦ୍ଧା ଓ ସମ୍ମାନ ଜଣାଉଛି।

ଏହି ସଂକଳନଟି ଆହୁରି ଆଦର ପାଇଲେ ମୁଁ ବହୁତ ଖୁସି ହେବି।

ରକ୍ଷକ ନାୟକ

ସୂଚୀପତ୍ର

ମାଗୁଣି	୦୯
ଛତା ହଜିଛି	୧୧
ମୋତେ ଟିକେ ଦିଅ	୧୩
ଶିଳ୍ପୀର ସଂସାର	୧୫
ମହାଯାନ	୧୭
ଗାଇଡ୍	୧୯
ଏକ ଭାଷାର ମୃତ୍ୟୁ	୨୧
ନଈ ନିରଂତର	୨୩
ବିଶର ମହାଂତି	୨୫
ତୁମ ଅବର୍ତମାନରେ	୨୯
ଶେଷ ସମୟ	୩୧
ପୁରୁଷ : ପ୍ରଥମ ଓ ଶେଷ	୩୩
ଚିତ୍ରକରର ଭାଗ୍ୟ	୩୫
ମଧୁମାସ	୩୮
ଘର	୪୦
ଲୁଂଠନ	୪୨
ଶରତର ଜହ୍ନରାତି	୪୪
ଅନେକ ଅଶିଣ	୪୬
କୋକିଳର ଘର	୪୮
ଅପେକ୍ଷାରେ ଅଛି	୫୧
ଅପରେସନ ବିଜୟ	୫୩
ବେଢ଼ା ପରିକ୍ରମା	୫୭
କେତେ ସମୟ	୫୯
ବସ୍ତ୍ର ହରଣ	୬୧
ମେଳାରେ ମାଳିନୀ	୬୪
ପାଦେ ପାଦେ ବିପଦ	୬୬
ଗଂଠି	୬୮
ଅତିଥି ନିବାସ	୭୦
ତ୍ରାହି	୭୨
ପ୍ରବାସର ସ୍ୱର	୭୫
ଭଡ଼ାଟିଆ	୭୭
ମିତ୍ରଘ୍ନ	୭୯

ସବୁ ବଂଦରରେ ସ୍ୱାଗତଂ	୮୧
ମାୟାର୍ଶ୍ୱବ	୮୪
ସେଇ ଛୋଟ କଥା	୮୬
କଳିଯୁଗ	୮୮
ଡାକବାକ୍ସ	୯୦
ପ୍ରେମ ପ୍ରବାସେ	୯୩
ଶେଷ ଚିତ୍ର	୯୬
ପ୍ରିୟ ସଖା	୯୮
ବର୍ଷା ହେଲା	୧୦୦
ଶୟନ କକ୍ଷର ଚିତ୍ର	୧୦୩
ବାଟ ବରଣ	୧୦୫
କଂଧମାଳର ନିଆଁ	୧୦୭
ବେଳାଳସେନ	୧୦୯
ଯାତ୍ରାପଥ	୧୧୧
ଭଲ ଲାଗୁନି	୧୧୨
କପଟପାଶା	୧୧୪
ଅନେକ ଜୀବନ	୧୧୬
କାଳବେଳା	୧୧୮
ଭୂତ ଭୟ	୧୨୦
ଛାଇ	୧୨୨
ରାତି ରାତି...	୧୨୪
ତୁମେ ନଥିବ	୧୨୬
ନାୟକ ବଂଶର ବିଧବା	୧୨୮
ମୃତ୍ୟୁ ଭେଦ	୧୩୦
ପ୍ରତୀକ୍ଷା	୧୩୨
ଦୁଇ କୂଳ କଥା	୧୩୪
ନିଜ ଘର	୧୩୬
ମାୟା ମଂଦିର	୧୩୮
ତୁମ ପରି କେହି ଜଣେ	୧୪୦
ହାତ	୧୪୨
ଶେଷ ସମୟ	୧୪୪
ପଛ କଥା	୧୪୬
ନୂଆ ନଳ	୧୪୮
ବଇଁଶୀଆ	୧୫୦
ବିଜ୍ଞାପନର ବ୍ୟଥା	୧୫୨
ପଳାୟନ ପଥ	୧୫୪
ଏକ କାହାଣୀର ଆରଂଭ	୧୫୬
ପ୍ରେମ ପଥ	୧୫୮

ମାଗୁଣି

ଯାହା ଯେବେ ବି ମାଗିଛି
ତୁମଠୁ, ଜୀବନଠୁ
କିଛି ପାଇନି ।
ତେଣୁ ଆଉ କ'ଣ ପାଇଁ ମାଗିବି
କୁହନି ?

ଏମିତି ବି ହେଇଛି
ଧୂଳି ମୁଠେ ମାଗୁଥିବି
ସୁନା ମୁଂଡେ ପାଇଛି
ଭାତ ମୁଠେ ମାଗୁଥିବି
ପଥର ଖଂଡେ ପାଇଛି
ଯାହା ମାଗିଛି
କିଛି ବି ଫଳିନି
ସ୍ୱପ୍ନାକାରରେ ।

ମଂଜି ଗୋଟେ ମାଗିଥିଲି
ଗଛଟିଏ ପଡିଲା କପାଳରେ
କେତେବେଳେ ଦାରିଦ୍ର୍ୟର ଦ୍ରୁତ ଭାଜକରେ
ତ କେବେ ପ୍ରାଚୁର୍ଯ୍ୟର ପ୍ଲାବନରେ
ସବୁଠି ଅସହାୟ, ଅସ୍ତଭାବ
ରୁଖା ତଳର ଛାଇରେ
ଲୁଚି ରହିବାକୁ ହେଉଛି ।

ମାଗିଲି ପାଂଚଖଂଡ ଗ୍ରାମ
ପାଇଲି ଇଂଦ୍ରପ୍ରସ୍ଥ, ହସ୍ତୀନାଦି ସକଳ ପୃଥିବୀ
ମାଗିଲି କବିର ଜୀବନ
ପାଇଲି କଂକିର
ମୁଁ ମାଗିଲେ ହିଁ
ଶୂନ୍ୟ ହୋଇ ଯାଉଥିଲା ସେ ଦ୍ରବ୍ୟ
ଦାନୀ କ୍ରମଶଃ ହେଉଥିଲା ବାମନାକାର
କ୍ଷୁଦ୍ରରୁ କ୍ଷୁଦ୍ରତର ।
ତୁମକୁ ମାଗିବିନି କିଛି
ତୁମେ ଆଦ୍ୟରୁ ଅଂତ ଯାଏ ପ୍ରବାହିତ
ଏକ ପ୍ରଖର ସ୍ରୋତଟିଏ
ଯେଉଁଥିରେ ମୁଁ ମୋର ମୁହଁ ଦେଖିନିଏ
ମୋର ଜୀବନ ଧନ୍ୟ ହୋଇଯାଏ
କାହିଁକି ମାଗେ ?
ଭରସା କରି ପାରେନି ଉଲ୍ଲାସପଣକୁ ।

ତୁମଠୁ କିଛି ନମାଗି
ରହି ପାରିବାର ସାମର୍ଥ୍ୟ ମତେ ମିଳୁ
କିଛି ନ ଦେଲ ନାହିଁ
ଥରେ ମାତ୍ର ଏଇ ମୋ ମାଗୁଣି ପୂରଣ କରିବା ହେଉ ।

ଛତା ହଜିଛି

ବଉଦର ବସାଘରେ ରାତି ମୋର କଟିଗଲା
ନିଶା ଆଉ ଭାଷାର ଯୁଗଳବନ୍ଦୀରେ।
ରାସ୍ତାକୁ ଡେଇଁ ପଡ଼ିଲି ସୂର୍ଯ୍ୟ ସହ, ଛତା ମୋର କେଉଁଠି ହଜିଲା
ମୁଣ୍ଡ ଉପରେ କଳାହାଣ୍ଡିଆ ମେଘର ପ୍ରସୂତି ନିଆଁ
ଭିଜିବାକୁ ଭୟ ନାହିଁ; ଭିଜି ନପାରିବାର ଡର
ଗ୍ରାସୁଛି ମୋର ଟାଂଗରା ଶରୀର।

ଏବେ ମନେପଡୁଛି
ଛତା ତଳେ କ'ଣ କ'ଣ ଘଟିଗଲା ନୁହେଁ
କ'ଣ କ'ଣ ଘଟି ପାରି ନଥିଲା
ବର୍ଷା ପୂର୍ବରୁ ଚାରିମେଘ ଏକତ୍ରିତ ମୋ ଆଖିରେ
ବିଜୁଳି ମତେ ଯୋଡ଼ିଦିଏ ମାଟିରୁ ଆକାଶ
ଆଶଂକାର ଦର୍ପଣରେ ଦିପିଦିପି ମୋର ମୁହଁ
ଛତା ଚାଲିଗଲା ପରେ।
ମୋର ଏବେ ସବୁରିକୁ ଭୟ ଓ ସଂଦେହ।

ଛତା ମୋତେ ଦେଇଥିଲା ଛାଇ
ଛତା ମୋତେ ଶୁଣାଇଥିଲା ଗପ
ଛତାର ଛାତ ତଳେ ରଚିଥିଲି କେତେ ଗେଲର ଜଙ୍ଗଲ
ସବୁ ଏବେ ସ୍ମୃତିର ଦଲିଲ୍
ମତେ ଏତେ ବାଟ ଯିବାକୁ ହେବ ଖାଲି ଖାଲି।

ସ୍ୟାହି ନଥିବା ଝରକଲମ, ଓଦା ଦିଆସିଲି କାଠି
ଛତୁ ତଳେ ଭୋ ଭୋ ଚିଡ଼ଉଥିବା ବେଂଗ
ସମସ୍ତେ ମତେ ପଚାରୁଛନ୍ତି ମୋ କଥା
ମୋ କଥା କହିବାରେ ହିଁ ସବୁତକ ବ୍ୟଥା।

ଛତା ହଜିବା, ଛାତି ହଜିବା ଏକା କଥା।
ଥରେ ହଜେ। କେବଳ ଥରେ।
ପ୍ରିୟ ଛାତି ହଜିଥିଲା ବହୁ ବର୍ଷ ତଳେ
ଏବେ ଗଲା ଛତା
ମୋ ପାଇଁ ବର୍ଷା ଖରା ଶୀତ ସବୁ ଏକା କଥା।
ଏମିତି ଏ ସବୁ ଋତୁ କଟିଯିବ
ଲେଖି ଲେଖି ଛତା ଥିବା ଓ ନଥିବା କବିତା।

ମୋତେ ଟିକେ ଦିଅ

ପ୍ରାଚୀନ ବୃକ୍ଷର ନହକା ଡାଳରେ
ଦୁଇଟି ପକ୍ଷୀଂକର ଖାଦ୍ୟ
ଦିଆ ନିଆ ଚାଲିଛି
ମୋତେ ସେଥିରୁ ଟୁକୁଡାଏ ଦିଅ
ମୋର ଭୋକ ବହୁତ
ଯୁଗ ଯୁଗର; ଭୋକ ଖାଉଛି ମୋତେ
ଚିର ନିୟତ।

ସାରୁ ଗଛ ମୂଳେ କେଡ଼େ ଆକୁଳରେ
ରଡି ଛାଡୁଛି ବେଂଗଟିଏ
ମତେ ସେ ସ୍ୱରରୁ ଟିକିଏ ଦିଅ
ଏତେ ଏତେ ଭାଷା ଥାଇ
ମୁଁ କହିପାରିନି ପଦିଏ
ମୋର ନିଦା ନିରବତା
ଯୁଗ ଯୁଗର; ନିରବତା ନେଇ ଯାଉଛି ମତେ
ଅସରଂତି ଶବ ଶୋଭାଯାତ୍ରା।
ପ୍ରାଗୈତିହାସିକ ମଂଦିର
ଉପରେ ଅବୈଧ ପାଦପ
ଆଣିଛି କେଉଁ ରସାତଳରୁ ପାଣି
ମତେ ସେଥିରୁ ଟୋପାଏ ଦିଅ
ମୋର ଶୋଷ ପ୍ରବଳ

ଯୁଗ ଯୁଗର; ଶୋଷ ଶେଷ କରୁଛି ମତେ
କାଳ କାଳ।

ମୁଁ ସମୟ ଦୁଆରେ ଅଧିଆ ପଡ଼ିଛି
ମୋ ଉପରେ ବହି ଯାଇଛି
କେତେ କେତେ କାଳ
କେତେ ପ୍ରଳୟ, କେତେ ସର୍ଜନାର ସ୍ୱର
ମୁଁ କେବଳ ସାକ୍ଷୀଟି ଭଂଗା ଗଡ଼ାର !
କୋଟି କୋଟି ପାଦ ଓ ଲହଡିର ଡୁଠ ପଥର।

ପାଇଛି ଅନେକ କିଛି
ଅଂତରୀକ୍ଷରୁ ଆଲୋକ, ଅଂଧାରରୁ ପୁଲକ
ସୂର୍ଯ୍ୟୋଦୟରୁ ଶିହରଣ, ଶ୍ମଶାନ ଭୂଇଁରୁ
ଜୀବନର ଝଲକ; ପାଇଛି ଅନେକ କିଛି
ହେଲେ ମୋର ମାଣ ପୂରିନି
ତେଣୁ ଯାଇ ପାରୁନି।

ଏବେ ମୁଁ କ୍ଲାଂତ ଶ୍ରାଂତ
ମଲା ଘୋଡ଼ାର ଟାଂକ, ମୃତ ପ୍ରଜାପତିର ପକ୍ଷ
ଅସୁମାରି ସ୍ୱପ୍ନକୁ ଦଦରା ବୋଇତ
ମତେ ଆଉଁଷି ଚାଲିଛି ନଂପୁସକର ହାତ
ମତେ ଟିକେ ଦିଅ ପ୍ରାଣର ପ୍ରାଣ; ମୁଁ
ଜୀଇଁ ପାରିବି ଅବଶିଷ୍ଟ କାଳ
ଅସଂଖ୍ୟ ଅପାଳକ ସତ୍ତ୍ୱେ ବି
ଏବେ ବି ମାଟି ମୋ ଉର୍ବର।

ଶିଳ୍ପୀର ସଂସାର

ଅଗଣାରେ ଶହ ଶହ ଅଧାଗଢ଼ା ମୂର୍ତ୍ତି
କାହାର ପାଦ ନାହିଁ ତ କାହାର ମୁଣ୍ଡ
କାହାର ଓଠ ଅଛି ତ ହସ ଫୁଟି ନାହିଁ
କାହା ଦେହରେ ଶିଉଳିର ଆସ୍ତରଣ
ତ କିଏ ସଂପୂର୍ଣ୍ଣ ଉଲଗ୍ନ ।

ନିଛାଟିଆ ପ୍ରହରରେ ସେମାନଂକ ନିରବ କ୍ରଂଦନରେ
ବୁଢ଼ିଆଣି ସୂତା କାଟିବା ବଂଦ କରିଦିଏ
ପବନରେ ଫାଟ ସୃଷ୍ଟି ହୁଏ
ଆକାଶ ଆବା କାବା ରହିଁ ରହିଥାଏ
ମୁଁ ସେ କ୍ରଂଦନକୁ ଧ୍ୱନି ରୂପ ଦେବା ଛଡ଼ା
ମୋର କିଛି କରିବାର ନଥାଏ ।

ମୋ ଅସହାୟତାର ଅଂଧାର ଭିତରେ
ଗୋଟେ ମୂର୍ତ୍ତି ଆପେ ଆପେ ଗଢ଼ି ହେଇଯାଏ
ସେ ମୂର୍ତ୍ତିର ଆଲିଂଗନରେ
ମୁଁ ମୋର ଗୋଟେ ଗୋଟେ ଅବୟବ ହରାଉଥାଏ
ମୁଁ ନିଃଶେଷ ହେଲା ବେଳକୁ
ଅଂତରୀକ୍ଷରୁ ଆଲୁଅ ଟୋପାଏ
ଅଂଧାର ଘୁଂଚାଇ ଦିଏ
ମୁଁ ଗଢ଼ି ରହେଁ ମୂର୍ତ୍ତି
ଯାହା ଅଧା ଗଢ଼ା ହେବା କପାଳରେ ଥାଏ ।

ଆସକ୍ତିର ଅରଣ୍ୟରେ ବୈରାଗ୍ୟର
ବାଘ ଛାଲ ପାରି ମୁଁ କାହା ଧ୍ୟାନରେ ଥାଏ ?
କଳ୍ପନାର କାନ୍‌ଭାସରେ ସତ ରଂଗ ମାରି
ମୁଁ କାହା ରୂପ ଅଂକନ କରୁଥାଏ ?

ସୀମାହୀନ ଦ୍ୱଂଦ୍ୱ, ଅସ୍ଥିର ମୁଗୁର, ନିହାଣ
ଅନେକାନେକ ଭଗ୍ନାଂଶ ମୁହୂର୍ତ୍ତ
ଅପ୍ରମେୟ ମନର ଛାଇ
ମତେ ଆଣି ରଖିଛି ଏଇଠି
ଅପୂର୍ଣ୍ଣ କରିଛି ମତେ
ମତେ ଶିଳ୍ପୀ କରେଇଛି ।
ମୁଁ କୋଣାର୍କ ନିର୍ମାଣ କରୁଛି
ମୁଂଡି ମାରିବାକୁ କେହି ନାହିଁ ?
ମୁଁ ସୃଜନ କରିଛି ଯେତେକ
କାହାର ଶୀର୍ଷକ ନାହିଁ ।

ମୁଁ ଆଉ ଭାବୁନି କାହାକୁ ଅଧା ଗଢା
ସବୁ ମୋ ପାଇଁ ସଂପୂର୍ଣ୍ଣ
ହେଇପାରେ, ଜଗତ କହିବ
ଶିଳ୍ପୀ ତୁମେ, ଶିଳ୍ପ ତୁମ
ଅପୂର୍ଣ୍ଣ ଅପୂର୍ଣ୍ଣ ।

ମହାଯାନ

ଯାନ ଯୁଆଡେ ନିଏ
ମୁଁ ସିଆଡ଼େ ଯାଏ ।

ଯାନରେ ବାହାଲ ହେବା ଦିନଠୁ
ଗତି ଉପରୁ ବଦଳୁଥିବା ଦୃଶ୍ୟକୁ
ଦେଖିବା ଛଡା, ମୋର କାଣି କଉଡିକର
ବି କିଛି କରିବାର ନଥାଏ ।

ସମୁଦ୍ର, ମରୁଭୂମି, ପର୍ବତ, ତଳ ତଳ
ଚରାଚର ସବୁ ଦେଖେ ଯାତ୍ରା ପଥରେ
କାର୍ତ୍ତିକ, ମାର୍ଗଶୀର, ସଂକ୍ରାତି, ଜନ୍ମଦିନ
ସବୁ ପଡେ, ମୋ ଅଣାୟତ୍ତରେ
ଶତ୍ରୁ, ମିତ୍ର, ତ୍ରାଣକର୍ତ୍ତା, ନିଜ ଛାଇବି
ନଥାଏ ନିଜ ନିୟଂତ୍ରଣରେ ।

ଯାନ ମତେ ନେଇଯାଏ ବହୁ କାଳୁ ଲୀନ
କାଂବେ ନଗ୍ରଠୁ, ମହେଂଜୋଦାର, ମାୟା
ଭେଟାଏ ରାମଚଂନ୍ଦ୍ର, ବାବର, ଅଶୋକ, ହିଟଲରକୁ
ମତେ ଚଂଦ୍ର ପୃଷ୍ଠରେ ଥୋଇଦିଏ, ମହାଶୂନ୍ୟରେ ଘୂରାଏ
ଜନ୍ମ, ମୃତ୍ୟୁ, ପାପ, ପୁଣ୍ୟ, ସବୁକୁ ଭେଟାଏ
ମୁଁ ଜଳ ଜଳ କେବଳ ଦେଖୁଥାଏ
ଯେମିତି ପଦ୍ମ ପତ୍ର ଉପରେ ପାଣି ଢଳ ଢଳ ।

ମତେ ନେଇ କେତେ ଗପ, କବିତା, ନାମ, ବଦନାମ
ମତେ ନେଇ କେତେ ଦୋଳ, ଖେଳ, ଝୁଲଣ
କେତେ ପ୍ରେମ, ଘୃଣା, ଦଂଡ, ପୁରସ୍କାରରେ
ମୁଁ ଗୁଂଥା ହେଇଥାଏ, କେତେ ଥର
ମୁଦେଇ, ମୁଦାଲା, ସାକ୍ଷୀ ହେଇ ଯାଉଥାଏ, ଆସୁଥାଏ
ସତରେ; ଏତେ ଚିଠିର ପ୍ରାପକ ତଳେ ମୋ ନାଁ
ମୁଁ କେବଳ ଆଶ୍ଚର୍ଯ୍ୟ ହେଉଥାଏ
ସବୁଠି ମୁଁ ଥାଏ
ଅଥଚ ମୁଁ କେଉଁଠି ନଥାଏ।

କହିବି ଦିନେ ଯାନକୁ, ରହ ରହ
ମୁଁ ଓହ୍ଲେଇଯିବି; ମତେ ଅପେକ୍ଷା
କରିଛଂତି କୁଂଜରେ ଗୋପୀମାନେ
ରଣ କ୍ଷେତ୍ରରେ ଯୋଦ୍ଧାମାନେ, ପଂଡିତମାନେ
ମୁଁ ଟିକେ ରକ୍ତ, ଝାଳ, ଜଂଜାଳରେ
ଲଟର ପଟର ହେବି।
ଆସକ୍ତିର ଆସରକୁ ଆସିବି।

ପୃଥିବୀରୁ ଓହ୍ଲେଇ
ଅଂତରୀକ୍ଷର ଆଲୋକରେ
ପହଁରିଯିବି।
କ'ଣ ଯାନକୁ ରଖିପାରିବି !

ଗାଇଡ୍

କେତେ କେତେ ଜନ ପଦ ଦେଇ
ଆସିଥିବା ଏଇ ରାସ୍ତା, ଶେଷରେ ସରିଯିବ
ଏକ ନାମହୀନ ଜୀର୍ଣ୍ଣ ଜଂଗଲରେ !
ଏବେ ବିଶ୍ୱାସ କଲେ ତ !
ମୁଁ କହୁନଥିଲି, ରାସ୍ତାରେ ସବୁଥିବ:
ସରେଇ ଘର, ପାନଶାଳା, ଚିତ୍ରକୋଠି;
ରାସ୍ତା କଡର ବୃକ୍ଷମାନେ ଜହ୍ନ ରାତିରେ
କାମିନୀ ହୋଇ ରତି ଭିକ୍ଷା କରଂତି
ମାଇଲ ଖୁଂଟକୁ କୁଂଢେଇ, କେହି କେହି
ଅଧିଆ ପଡିଥାଂତି
ବାଟକୁ ଗତି ମାଗୁଥାଂତି ।

ପବନ ଆସିଲା, ଦୂରର ବହୁ ଦୂରରୁ
କେବଳ ତୁମ ଲୋମକୁ ଛୁଇଁବାକୁ
ବଜ୍ର ଆସିଲା ଅଂତରୀକ୍ଷରୁ
ତୁମକୁ ଚକ୍ଷୁଷ୍ମାନ କରିବାକୁ
ଅଂକା ବଂକା ରାସ୍ତାରେ କେବଳ ଆଗକୁ ଆଗକୁ
ପଛରେ, କ'ଣ ରହିଲା ଯେ ଦେଖିବାକୁ !
କେତେ ବୀଜ ବିକ୍ଷେପ କରିଛେ
ରାସ୍ତା ସାରା, ମନେ ଅଛି !
କେତେ ଗୀତ ଖଂଡିଆ କରି
ଛାଡିଛେ, ମନେ ଅଛି !

ତୁମେ ସତରେ କ'ଣ ଦେଖିଲ ?
ପାଇ ପାରିଥା'ନ୍ତ ସବୁ କିଛି
କିଂତୁ ଗତିର ପ୍ରୀତିରେ ପଡିଗଲ ।
ଆଉ ଏବେ ଫେରି ହେବନି ପଛକୁ
କିଛି ଫଳ ମିଳିବନି କେଉଁ ତପସ୍ୟାରେ
ରାସ୍ତା ସହ ମିଶିଯିବାକୁ ହେବ
ଏଇ ଜଂଗଲରେ ।

ହଁ, ଏତିକି କରାଯାଇପାରେ,
ଏଇ ଜଂଗଲକୁ ତୁମ ନାମରେ
ନାମିତ କରାଯାଇପାରେ ।

ଏକ ଭାଷାର ମୃତ୍ୟୁ

ବହୁ ଦୂରରୁ ଆସିଛି ପକ୍ଷୀ
ଖାସ୍ ମୋରି ପାଇଁ।

କେତେ ଦେଶ, ନଈ, ନାଳ, ପର୍ବତ
ଯୁଦ୍ଧ, ମହାମାରୀ, ଭୂକଂପ, ଦୁର୍ଭିକ୍ଷ, ଡେଇଁ
ଆସିଛି ଏ ପକ୍ଷୀ
ମୋରି ପାଖକୁ
ଆଖିରେ ତା ମୋରି ଠିକଣା
କୌଣସି ପ୍ରଲୋଭନ, ମୋକ୍ଷ କି ନିର୍ବାଣ
କରି ପାରିନି ତାକୁ ବାଟବଣା।

ଆକାଶର ନିରବତାକୁ ନବ ଖଂଡ କରି
ନିଜ ବାୟୁ ପଥକୁ ବିନ୍ୟାସ କରି
ସେ ଆସିଛି ଯୋଜନ ଯୋଜନ ଦୂରରୁ
ଅସଂଖ୍ୟ କାଳ ଖଣ୍ଡ ଅତିକ୍ରମ କରି
ମୋ ପାଖକୁ
ତାର ଶେଷ ଠିକଣାକୁ।

ସେ ନିର୍ମାଣ କରିଛି ଏକ ନୂତନ ଭାଷା
ଏକ ନୂତନ ସ୍ୱର
ଯେଉଁଥିରେ ପ୍ରକାଶିହେବ ସମସ୍ତ ଆବେଗ
ନିରବତାକୁ ବାଙ୍ମୟ କରିହେବ
ଅକୁଳାଣ ପଡିବନି ଯୋଡିବାକୁ ମନ

ଗଛ, ଲତା, ଆକାଶ, ପାଣି, ପବନ ସହ,
ଯେଉଁଠି ମିଳିବ ସକଳ କାମନାକୁ ଆଶ୍ରୟ।
ପକ୍ଷୀ ଆସୁଛି
ହୁଏତ ପହଂଚିଯାଇପାରେ କିଛି କ୍ଷଣ ପରେ
ହେଲେ, ସେ ଜାଣିନି
ମୁଁ ନିଜକୁ ମୂକ କରି ଦେଇଛି
ଦୁଃଖ; ମୋ ପାଇଁ ନୁହେଁ
କି ପକ୍ଷୀ ପାଇ ନୁହେଁ
ଗୋଟେ ନୂତନ ଭାଷାର ଅକାଳ ମୃତ୍ୟୁରେ।

ଏବେ ଆଉ କିଛି ନାହିଁ
ପାଦ ତଳୁ ମାଟି, ଉପରୁ ଆକାଶ
ପ୍ରଶ୍ୱାସରୁ ସମୟ, ଦୃଷ୍ଟି ପଟଳରୁ ଦୃଶ୍ୟ
ସବୁ ଉଭେଇଯାଏ
ଯେମିତି ମଲାବେଳକୁ ପବନ
ପିଂଡ ଛାଡିଯାଏ।

ଗୋଟେ ପଟେ ନିଆଁ
ଆର ପଟେ ଜାଲ,
ସବୁପଟେ ମୃତ୍ୟୁର ମଉକା
ସବୁ ପଟ ବଂଦ
ବିଚରା ହରିଣୀ
ତାକୁ କାଳେ ଉଦ୍ଧରିବାକୁ ଆସିଥିଲେ କିଏ
ଏ କେବଳ ଗପରେ
ଉଦ୍ଧାରକର୍ତ୍ତା ବି ଏବେ ମହା ସଂକଟରେ।
ହଉ ଏବେ ହେଲା
ସେମାନେ ମରିବାକୁ ପ୍ରସ୍ତୁତ
ଜୀଇଁବା ନହେଲା ନାଇଁ
ଭଲରେ ମରିବାକୁ ଦିଅଂତ ଭଲା। ■■

ନଈ ନିରଂତର

ନଈ ଫୁଲିଛି ଅହଂକାର ଭଳି
ଖାଉଛି ଦୁଇ କୂଳ, ସ୍ରୋତ ପ୍ରବଳ
ନଈ ବଢୁଛି ଭୂଗୋଳକୁ ଚିରି।

ଏଇ ନଈକୁ ପାରି ହେବାକୁ ହେବ
ଯିବାକୁ ହେବ ଆର ପଟକୁ
ଆର ପଟର ଶିମୁଳି ଗଛରେ
ଥୁରୁ ଥୁରା ଭିଜା ପକ୍ଷୀଟିଏ
ଅପେକ୍ଷା କରିଛି ମତେ
କ'ଣ ଗୋଟେ କହିବ
କହି ଦେଲା ପରେ;
ଅନେକ ଅନେକ ପରିବର୍ତ୍ତନ ମଧ୍ୟରେ
ନଈ ତାର ନାଁ ହରେଇବ
ପୃଥିବୀ ସମୁଦ୍ର ହେବ।

ନଈ ଛାଡୁନି ମତେ
ଅଟକାଇଛି କାଳ କାଳ ଧରି
ମୋ ଅପେକ୍ଷାର ମୁହୂର୍ତ୍ତମାନ
ଫେଣ ପରି ଭାସି ଯାଉଛି
ମୁଁ କ୍ରମଶଃ ସରୁଛି ବାୟୁମଂଡଳରେ ଉଲ୍‌କା ପରି
ଯାହା ହେଲେ ବି ମୁଁ ହେବି ପାରି।

ନିଛାଟିଆ । ଗୋଟା ପଣେ ନିଛାଟିଆ
ଗଛବୃଛ ଗାଁ ଗଣ୍ଡା ମଂଦିର ଚର୍ଚ ଲୋକବାକ
ସବୁ ଉଭାନ ହୋଇ ଯାଉଛଂତି
ମୋ ଦୃଷ୍ଟି ଯେତେ ଯେତେ ଲଂବୁଛି
ମୋ ଘରିପଟେ ସେତେ ଶୂନ୍ୟ ସ୍ଥାନ ହେଉଛି
କିଂତୁ ନଈ ବହୁଛି ।

ମୁଁ ଏପଟେ
ପକ୍ଷୀ ସେପଟେ
ମଝିରେ ନଈ;
କ୍ଷୁଧାକୁ ଆହାର କରିବା ଛଡା
ଅନ୍ୟ କିଛି କରିବାର ନାହିଁ ।
ମୁଁ ଅତିକ୍ରମିଛି ଅନେକ ପଥ
ସେ ଅନେକ ଆକାଶ
ଶେଷରେ ଏଇଠି
ଅପେକ୍ଷାରେ କଟିଯାଉଛି
ସତ୍ୟ, ଦ୍ୱାପର, ତ୍ରେତା, କଳି
ଆମକୁ କେହି କରିନାହିଁ ପାରି ।
ଏ ବ୍ୟବଧାନ ବୋଧେ ବିଧିର
ନହେଲେ ସାମାନ୍ୟ ନଈ
ହୁଅଂତା ବି ଅଲଂଘ୍ୟ ଅତରାଳ !

ବିଶର ମହାଂତି

କିଏ ଜାଣିଥିଲା
ତୁମେ ଆମ ପ୍ରୀତିକୁ ଆଡେଇ
ମେଳଛର ଶତ୍ରୁପଣକୁ ସ୍ୱୀକାର କରିନେବ ବୋଲି !

ଯବନ ସେନା ଥାଟ ପାଟରେ
ଅଂଧାରର ପାହାଡ ପରି
ପହଂଚିଲା କଳାପାହାଡ଼, କ୍ଷେତ୍ରରେ
ଅଣଚଉଶ ପବନର ଗତି, ଧୂମକେତୁ ପରି ଆଖି
ପ୍ରଳୟ ଅଂକିତ ଖଂଡା ତାର; କୁହାଟ ପ୍ରଖର
ନୀଳଚକ୍ର ବଂକା କଲା; ବାନା ଚିରି
ସମୁଦ୍ର ଆଡେ ଉଡେଇ ଦେଲା
ଅଁଳା ବେଢାରୁ ଖସେଇଲା ପଥର
ତୁଳସୀ ଦୟଣା କର୍ପୂର ଚନ୍ଦନ ଆଡେଇ
ଶରଣ ପଂଜର ବିପୁଳ ବିସ୍ତାର ମହାବାହୁକୁ ବଢ଼େଇ
ଚକା ବଇଠି ଶୂନ୍ୟ କରି
ତୁମେ ତାର ଦଉଡିରେ ବଂଧା ହେବାକୁ
ଉଠିଗଲ।

ମୋଠୁ କ'ଣ
ପାପ, ଦୁଷ୍କୃତି ବେଶି ଥିଲା ତାର !

କଳାହାଟ ଦ୍ୱାର ଏପଟୁ
କପାଳରେ କରପତ୍ର ଦେଇ
ଦେଖୁଥିଲା ଭୀରୁ ଓଡିଆ
ଖଂଡାଧରା ହାତରେ ତାର ଖୋଳ କରତାଳ
ଶିରୀ କାପଡା ଶିରରେ ବାଂଧି
ବାହୁନୁଛି ପଂଡା ପୁଅ, ଲୁହରେ ଭିଜାଇ ଧଂଡା
କୁଆଡେ ଘେନି ଯାଉଛ ମୋର ଜଗନ୍ନାଥ
ନିର୍ମାଲ୍ୟ କାହୁଁ ହେବ; ଆଖି କି ଦେଖିବ!
ତିନି ଧୂପ, ପଂଚ ଅବକାଶ, ଭଳି ଭଳି ବେଶ
ଛତିଶା ନିଯୋଗ ଛାଡି
କଳାପାହାଡ଼ ଘୋଷଡ଼ାରେ
ପଠାଣ ସିପେହୀ ଆସୁଆର ମେଳରେ
ତୁମେ ଚଳିଗଲ
ତୁମ ପରାଜୟରେ ଯେ କି
ବିଜୟର ଠାଣି, ଦର୍ପ
ଦେଖି ହେଉନି; ତୁମ କର୍ତାପଣ ବଦଳରେ
ଚତୁର୍ଦଶ ଭୁବନ ପାଳକର ଏ କି ହୀନିମାନ ରୂପ!

ମାହାର୍ଜା ମୁକୁଂଦ ଦେବ
ଯା'କୁ ତୁମେ ଶଂଖେ ପୂରାଇ
ଚକ୍ରେ ଘୋଡାଇ ରଖ; ସେ ରକ୍ତ ପହଁରିଲେ
ସୁନା ଥାଳିରେ ହୀରା ପରଶି ଶରଣ ମାଗୁଥିବା
ପାଟ ମହା ଦେଇ; ମହାନଦୀ ଗଣ୍ଡର ଭଉଁରୀ ହେଲେ
ଭଜନ ଭୋଜନରେ ଭୋଳ ଓଡ଼ିଆ
ମୂଷା ପିଂପୁଡି ଗାତରେ ଲୁଚିଲେ
ଯେତେବେଳେ ଜଗବଂଧୁଂକୁ ବିପତ୍ତି
ବିଧାତା ବାମ ହୋଇଛି
ଆମ କଥା କିଏ ବା ଦେଖୁଛି!

ମୁଁ ତ ଛାର, ଦାସ ପଣରେ ଗଣା ହେବାକୁ
ଅଭାଜନ, କୁଂଜଗ ଗଡ଼ର ଛାମୁକରଣ
କୋଟି କୋଟି ପେଂଚ ପାଂଚ ପଂକରେ ଲଟ ପଟ
ଖେଦାଏ ତାଳପତ୍ର, ଲୁହାର ଲେଖନଟିଏର ମୁଂଡ
କାଂଧରେ ମୃଦଂଗ, କପାଳରେ ରସକଲୀ ତିଳକ
କଂଠରେ ମୋ ଭୟର ଭଜନ ଛାତି ଛନ ଛନ
ମୁଁ କି ବୁଝିବି
ଏକ ବୀଜ ବେନି ଫାଳ ତତ୍ତ୍ୱ।

କଳାପାହାଡ଼ର କ୍ରୋଧର ନିଆଁରେ
ପୋଡି ହୋଇ, ଅଭିମାନର ଲୁହରେ
ତୁମେ ଭାସିଗଲ, ଭସେଇ ଦେଲ ଆମକୁ
ସବୁ ସରିଗଲା ପରେ
ଓଡିଆ ଖୋଜି ହେଉଛି ଗଂଗା କୂଳ
ଶୂନ୍ୟ ଦେଉଳ, ସମୁଦ୍ର କୂଳ।

ସବୁ ଅଛି; ବଡ ଦାଂଡ, ବଡ ଦେଉଳ
ଶୂନ୍ୟ ବଇଠିରେ ଜଳୁଛି ଦୀପ
ଶାଢୀ ବାଂଧି ରଜା ହୋଇଛି ରମେଇ ରାଉତ
ସବୁ ଅଛି ପ୍ରଭୁ
ତୁମେ ଖାଲି ନାହଁ ଯାହା,
ଫେରିଆସ, ଫେରିଆସ
ହେ ଆମ ଅନାଦି ଅମର ଜଗନ୍ନାଥ
ଉତ୍ର ରାଷ୍ଟ୍ର ମଣ୍ଡଳରେ ଉତ୍କଳରେ
ମଣିମା ମଣିମା ଡାକ।
ମର୍ତ ନରକର ପୋକ ମୁଁ
ଶେଷରେ ଆଜ୍ଞାମାଳ ପାଇଲି
ତୁମ ପାଇଁ କହିବାକୁ ମିଛ;
ମୋ ପାପରୁ ତୁମେ ଜନ୍ମ ନେବ

ଜାତି ବଂଚିବ
ଏ ଭାଗ୍ୟ ପ୍ରଭୋ ! କାହାକୁ ଜୁଟିବ ।

ଏଇ ଦେଖ
ମୋ ମୃଦଂଗ ଭିତରେ ଲୁଚେଇ ଆଣିଛି ବ୍ରହ୍ମ
ବୀଜ ମୋ ପାଖରେ
ମେଳଛ ପୋଡିଛି ଗଛ !
ସାତ ପ୍ରସ୍ତ ପାଟ ବସନରେ ଗୁଡାଇ
ମୁଁ ଜାଣିଛି, କ'ଣ ଆଣିଛି
ମୃଦଂଗରୁ କଣ ନେଇ ବିଗ୍ରହରେ ଥାପନା କରିଛି
ଉଶ୍ୱାସ ହୋଇଛି ଜାତି
ମାଟି ମାରିଛି ନିଃଶ୍ୱାସ
ହଁ; ତୁମେ ସତରେ କଅଣ କି ?
ତ' ଗୋଟେ ବିଶ୍ୱାସ ।

ତୁମ ଅବର୍ତ୍ତମାନରେ

ଏବେ ନିଇତି ଗୀତ ଲେଖୁଛି
ତୁମେ ଆଉ ନାହଁ ବୋଲ ମନେ ପଡିବା କ୍ଷଣି
ତାକୁ ଚିରି ଫୋପାଡ଼ି ଦେଉଛି ।
ପ୍ରାପକର ଠିକଣା ପାଇ ନଥିବାରୁ
ଲେଖିଥିବା ଲକ୍ଷେ ପ୍ରେମ ଚିଠି
ତୁମ ଜୁଇରେ ପୋଡି ଦେଇଛି ।

ଗୁଡି ଉଡେଇବାର କଳା ଓ ଗୁଡି କାଟିବାର
କୌଶଳ, ଚିତ୍ରକୁ ଚରିତ୍ର କରିଦେବା ଓ ଚରିତ୍ରକୁ
ଚିତ୍ର କରିଦେବାର ଅହଂକାର, ପାପର ବେଳାଭୂମିରୁ
ପୁଣ୍ୟର ଶାମୁକା ସଂଗ୍ରହ କରିବାର ସରଳତା
ଶବ୍ଦକୁ ଇଂଦ୍ରଧନୁ କରିଦେବାର ଚପଳତା
ମତେ ଶିଖାଇଥିଲ ତୁମେ
ସବୁ ନହେଲେ ବି
ବହୁତ କିଛି ଅଛି ମୋର ମନେ ।

ଧାଡ଼ିକରେ ବୁଝି ଯାଉଥିଲ ତୁମେ
ଏବେ ସେତିକି ପାଇଁ
ଦିସ୍ତାଏ କାଗଜ ସାରିବାକୁ ହେଉଛି ।
ସୃଜନ ଝରଣା ନୁହେଁ, ପ୍ରଥମେ ପ୍ରପାତ

ପରେ ଅନ୍ୟ କିଛି
ପ୍ରେମ ପତନ ନୁହେଁ, ପ୍ରଥମେ ଉଡାଣ
ପରେ ଅନ୍ୟ କିଛି
ସମୟ କିଛି ନୁହେଁ, ପ୍ରଥମେ ସଂଗୀତ
ପରେ ଅନ୍ୟ କିଛି
ଏସବୁ ତୁମଠୁ ଶିଖିଛି
ତୁମ ଅବର୍ତ୍ତମାନରେ
ତୁମକୁ ସବୁଠି ଶୁଣୁଛି
ତୁମେ କ'ଣ ସୃଜିଥିଲ, କ'ଣ ମୂର୍ଚ୍ଛିଗଲ
ମୁଁ ସବୁ ଭୁଲି ଯାଇଛି
କେବଳ ଏତିକି;
ତୁମେ ମନେ ପଡିଲେ, ଲେଖା ପଢା ବନ୍ଦ କରି
ପବନକୁ ଶୁଣିବାକୁ ଇଚ୍ଛା ହେଉଛି।

ଶେଷ ସମୟ

ଯେଉଁମାନେ ମରିଲେ
ପୃଥିବୀ ବଂଚି ପାରିବ
ସେମାନେ ମରିବେ କେବେ ?

ସେମାନେ ଗୋଟେ ଗୋଟେ ଆଟମ୍ ବମ୍
ଦେହରେ ଗୁଡେଇ, ହାତରେ
ଗୋଟେ ଗୋଟେ ଗ୍ଲୋବ୍‌କୁ ଘୂରେଇ ଘୂରେଇ
ଚାଲିଛଂତି ଆମ ପଥ ଧାରେ
ଜଳପଥରେ, ସ୍ଥଳପଥରେ, ଆକାଶ ପଥରେ।

ଯେଉଁଠି ନିଃଶ୍ୱାସ ପ୍ରଶ୍ୱାସ, ସେମାନଂକ ପ୍ରବେଶ ନିଶ୍ଚୟ ସେଠି
ମଂଦିର ଭିତରେ, ବି ବାହାରେ
ସେମାନେ ଅଂଧାର ଅମଳ କରୁଥିବା ଦୀପ ପରି
ଆମ ଉତ୍ସବ ମଂଚରେ।

ସବୁଠି ସେମାନେ, ମାଟି ତଳେ
ବି ମାଟି ଉପରେ, ପଢା ବହିରେ
ପ୍ରାର୍ଥନାରେ, କାଉ କା' କା'ରେ
ଏପରିକି ସ୍ତଂଭ ଭିତରେ;
ସମୟ ବ୍ୟତୀତ ଆଉ ସମସ୍ତେ
ସେମାନଂକ ଭୋଜ୍ୟ, ପ୍ରତିଟି ନବଜାତକ କପାଳରେ
ସେମାନଂକ ଖୋଜ।

ପ୍ରେମ ଚିଠି ଠିକଣାରେ ପହଂଚିବା ପୂର୍ବରୁ
ଲୁପ୍ତ ହେଉଛି ସେ ଭାଷା, ବଂଶୀ ଧ୍ୱନି ଗୁହାଳ
ଛୁଇଁବା ପୂର୍ବରୁ ଧ୍ୱସ୍ତ ହେଉଛି କୁଂଜବନ
ଆଲିଂଗନର ପ୍ରସାରିତ ହାତକୁ ବଂଧା ଯାଉଛି କ୍ରସ୍‌ରେ
ନଈ ନିଃଶେଷ ହେଉଛି ସିନା
ମିଶି ପାରୁନି ସମୁଦ୍ରରେ ।

ସେମାନେ ଖଂଜି ଦେଉଛଂତି ପ୍ରତି ଚେର ତଳେ ପଥର
ପ୍ରତି ସ୍ୱର ଝରିପଟେ ହାହାକାର
ଭାଇରସ୍ ହେଇ ବ୍ୟାପୁଛଂତି ରକ୍ତ ପ୍ରବାହକୁ
କଂପ୍ୟୁଟରରେ ସାଇତା ଅର୍ଜିତ ବିବେକକୁ
ସେମାନେ ଆମ ଛାଇକୁ ନଷ୍ଟ କରିସାରିଲେଣି
ଆକୁଳ ଅନୁନୟର ମୁଦା ହାତ ଦେଇ
କଳା ଆକାଶ ଦେଖାଇ ସାରିଲେଣି ।
ୟା'କୁ କ'ଣ ମାଳିକା କୁହେ ପରା
କଳିକାଳ ! ଯୁଦ୍ଧର ବାକୀଥିବା
ଶେଷ ପ୍ରହର !
ତେବେ ଆଉ କେତେ କାଳ ?

ପୁରୁଷ : ପ୍ରଥମ ଓ ଶେଷ

ଓଠକୁ ଓଠ ବୋଲି ଭାବିଥିଲି
ଲାଗିଲା, ମଦ ଗ୍ଲାସ୍‌ରେ ଭାସୁଥିବା ବରଫ ଖଂଡ
କାକରର ନଈ ହୋଇ ବହିଗଲା
ଅତୀତରୁ ଭବିଷ୍ୟତକୁ
ମୋର ବର୍ତମାନକୁ ବିମୂର୍ତ କରିଦେଲା ।

ମୋ ତିନ୍‌ତି ମୁଂଡରେ ଦେଖୁଛି ଅମୃତ ସୁରେଇ
ମୋ ଏଂଡୁଡି ଶାଳରେ ଦିଶୁଛି ଉଜ୍ଜ୍ୱଳ ଉହ୍ଲେଇ
ମୋ ଆଖି ଆକାଶ ହୋଇଯାଉଛି
ମୁହୂର୍ତକ ନିରବଧି କାଳ ପାଲଟୁଛି
ମୁଁ ଶୁଣିଥିଲି ପ୍ରୀତିରେ ପତନ ଥାଏ
ରତିରେ ବିସ୍ମୃତିର ଇତି ଥାଏ
ମୁଁ କିଂତୁ ଉର୍ଦ୍ଧ୍ୱ ଉଡାଣରେ; ଯେଉଁଠି ଶେଷ
ମୋର ବୋଧେ ଶେଷ ସେଇଠାରେ ।

ଆଖି ଆଗରେ ସବୁ ଘଟିଗଲା
ସାତ ନଈ, ତେର ସମୁଦ୍ର ଘଟରେ ପଶିଗଲା
ତଥାପି ଘଟ ଅପୂର୍ଣ ଥିଲା
ଆଖି ବୋଲି ଯାହାକୁ ଆଖ୍ୟା ଦେଇଥିଲି
ଆଖର ବେଳକୁ, ସେ ଦୁର୍ଲ୍ଲଭ
ଦୃଶ୍ୟ ପରି ଦିଶିଥିଲା ।

ସମଗ୍ର ଶୂନ୍ୟତା ମୋ ଆଲିଂଗନରେ
ତା' ମଧ୍ୟରେ ଚଉଦ ବ୍ରହ୍ମାଂଡ କେଉଁଠି
ଫେଣ ପରି ଭାସୁଥିଲେ, ତା ମଧ୍ୟରେ
ସମସ୍ତ ସମୟ ଭଉଁରୀ କାଟୁଥିଲେ
ବଂଧନର ଆନଂଦରେ।

ମୁଁ ଯେମିତି ଚଉଷଠୀ ଯୋଗିନୀଂକ ସାଧ୍ୟ
ମୁଁ ଯେମିତି ସବୁରି ଆଦ୍ୟ, ପ୍ରାଂତ
ଓ ମଧ୍ୟ।

ସବୁ ପରେ ଆଉ କିଛି ନଥିଲା;
ନା ଦେହ ନା ବିଦେହ
କିଛି ବୋଲି କିଛି ନଥିଲା
ଯେମିତି ମୁଁ ସବୁକୁ ଘେନି ଯାଇଛି
ବା ସବୁ ମୁଁ ହୋଇ ଯାଇଛି।

ଏବେ ମୋର ଏକମାତ୍ର ଅବଶୋଷ
କାହାକୁ କହିବି, ଆସ
ମୁଁ ତୁମର ପ୍ରେମର
ପ୍ରଥମ ଓ ଶେଷ ପୁରୁଷ।

ଚିତ୍ରକରର ଭାଗ୍ୟ

ଗତ ରାତିରେ
ତୁମେ ଧର୍ଷିତା ହେଲ ।

ପ୍ରତ୍ୟେକ ନାରୀ ଭଳି ତୁମେ କ'ଣ
ଧର୍ଷଣର କାମନାକୁ
ନିଜ ଭିତରେ ଆଦରରେ ପୋଷିଥିଲ !

ସକାଳୁ ସକାଳୁ ସ୍ୱାମୀ ସହ
ପୋଲିସ୍ ଷ୍ଟେସନ୍‌ରେ ପହଂଚି
ଏଫ୍.ଆଇ.ଆର୍. ଦେଲ ।

ଗତ ରାତି ଥିଲା
ଜୀବନର କ୍ଷୁଦ୍ରତମ ରାତି
ସବୁତକ ଅଂଧାର ବାଦଲ ପିଠିରେ
ଆକାଶ ପହଁରୁଥିଲା
ପାଂଜିରେ କିଂତୁ ଲେଖା ଥିଲା
ପୂର୍ଣ୍ଣମୀର ତିଥି ।
ବର୍ଷା, ପବନ ଓ ଅଂଧାର
ଘରକୁ ଦ୍ୱୀପ କରି ସାରିଥିଲେ
ଦେହ ଉଲ୍ଲସି ଉଠୁଥିଲା, ବେଂଗ ରଡିରେ
ମନ ଉଲ୍ଲଳିତ

ଆଲୁଅ ଲଗେଇବାକୁ, ଲଂଠନରେ ତେଲ ଥିଲା
ଅଥଚ ଦିଆସିଲି ଛିଂଚରାରେ ଓଦା ହୋଇଥିଲା
ଅତଏବ ଅଂଧାରର ହୁଲି ଡଂଗାଟିରେ
ରାତିର ତରଂଗାକୁଳିତ ସାଗରରେ
ଭାସିବାକୁ ଥିଲା ।

ବେଳେ ବେଳେ ବିଜୁଳି
ଦେଖେଇ ଦେଉଥିଲା ଦେହ
ଏ ଦେହରେ ଏତେ ବିଦ୍ୟା ଅଛି
ଲାଗୁଥିଲା ଭୟ ।
କେହି ଏ ପାଗରେ ଆସିବେନି
ବେଲୁ ବେଳ ବର୍ଷା ବଢୁଥିଲା, କୂଳରୁ
ଅତଡା ଖସୁଥିଲା
ବାହାରର ଘୋ ଘୋ ସହ
ଭିତରର ଘୋ ଘୋ ମିଶି ଯାଉଥିଲା ।

ଏ ବେଳେ ପହଂଚିଲା, ସେ ପୁରୁଷ
ଦେହ ଓଦା ସରସର, ଓଦା ଲୁଗା ପରି
ଦେହକୁ ଜାବୁଡି ଧରିଲା
ନାହିଁ ନାହିଁ କହିବା ଭିତରେ
କେତେବେଳେ ପାଟିରୁ ହଁ ବି
ବାହାରିଗଲା
ଯାହା କେବେ ବି ହୋଇ ନଥିଲା
ସେଇ କଥା ହେଲା ।

ସେ ଗଲା ପରେ ପରେ
ବର୍ଷାରେ ତିଂତି ତିଂତି ସ୍ୱାମୀ
ଘରେ ପହଂଚିଲେ
ଖୁବ୍ ତୃପ୍ତ ଜଣା ପଡୁଥିଲେ

ସେତେବେଳକୁ ରାତି
ଶେଷ ହେବା ଉପରେ।

କିଛି କିଛି ମନେ ଅଛି
ଧର୍ଷୀର ଆକାର
ଯେତିକି ଆଖିରେ ଦେଖିଛ
ବିଜୁଳି ଆଲୁଅରେ, ସେତିକି କହୁଛ
ସେଇଥିରୁ ମୁହଁ ଆଂକିଦେଲେ
ପୋଲିସ୍ ଆସାମୀକୁ ଧରି ପାରିବ
ଭାବିଛ।

ଆଂକି ପାରିବି ଅକ୍ଲେଶରେ
ସେ ମୁହଁ ନିଶ୍ଚୟ
ସେ ଆସାମୀକୁ କ'ଣ ଦଂଡ ମିଳିବା ଦରକାର
ଆଗ
ମତେ ସେତିକି କେବଳ କୁହ।

ମଧୁମାସ

ଘର ମାଲିକ ଜାଣିନି,
ଏ ଘରେ ଆଉ ଜଣେ ଅଛି ।

ମୁଁ ତ ମୋ ପ୍ରିୟ ତାରାଟିର
ଗତି ପଥରେ ବୁଲୁଥିଲି
ମୋ ଘର ଭିତର କ'ଣ ଘଟୁଛି
ମୁଁ ବି ଜାଣି ନଥିଲି ।
ଦ୍ୱିଗୁଣା ବେଗରେ ସରୁଥିଲା ପେଷ୍ଟ୍
ସାବୁନ୍, ପାଉଡର, କଲମରୁ କାଳି ଓ ବିଜୁଳି
ଘରେ ବି ଜମୁଥିଲା ଦ୍ୱିଗୁଣ ଅଳିଆ, ବାସୀଫୁଲ
ଏ କଥା ଏବେ ହେଜକୁ ଆସିଲା ।
ମୋ ଘରେ ଯେ ରହୁଛି
ସେ ବୋଧେ ଆଲୁଅ ରଂଗର
ମୋ ଘରେ ତ ସବୁବେଳେ
ଲାଇଟ୍ ଜଳୁଛି ।

ବହୁ ବହୁ ରାସ୍ତାର ଧୂଳି ପାଦରେ ଧରି
ଘରେ ପହଂଚିବା ବେଳକୁ ତାଲା ଉପରେ
ପୁଣି କେଉଁ ରାସ୍ତାକୁ ଘାଂଟିବାକୁ ଡାକରା ଥିବ
କିଂତୁ ମୋର ବିଶ୍ରାମ ଲୋଡା ଥିବ ।

ଘର ଭିତରେ ବହିପତ୍ର ପୋଷାକ
ନିଜ ନିଜ ସ୍ଥାନରେ ରହିଥିବେ,
ଖୋଳ ଭିତରେ କ୍ୟାସେଟ୍, ଠାକୁର ମୁଂଡରେ ଫୁଲ
ତକିଆ ପାଖରେ ପ୍ରିୟ ପତ୍ରିକା, ଆଲବମ୍
ଘର ଭିତରେ କସ୍ତୁରୀ ବାସ୍ନା ଖେଳୁଥିବ
ଅଧା ଥିବା କବିତାରେ ଧାଡିଏ ଦିଧାଡି
ଯୋଡା ଯାଇଥିବ;
ସ୍କାଇଲାଇଟ୍‌ର ପାରା ଏସବୁକୁ ଚେତେଇବାକୁ
ଚେଷ୍ଟା କରି ବିଫଳ ହେଉଥିବ।

ଏବେ ଏବେ ଜାଣୁଛି;
ମୋ ପ୍ରିୟ ତାରାର ମୃତ୍ୟୁ ପରେ, ବୁଝୁଛି
ମୋ ଘରେ ଆଉ ଜଣେ ଅଛି।

ମୋ ଘରେ ଯେ ରହୁଛି
ସେ ବୋଧେ ପବନରେ ତିଆରି
ନହେଲେ ଦେଖି ପାରଂତିନି
କିପରି ?

ଥାଉ।
ସେ ଥାଉ।
ମୋର କ'ଣ ଯାଉଛି
ଯେ ଯାଏଁ ଘର ଭଡ଼ା
ଜଣକ ପାଇଁ ହିଁ ଦେବାକୁ ପଡୁଚି।

ଘର

ଅଲଟ୍ରାଟେକ୍ ନା କୋଣାର୍କ ?
କେଉଁଥିରେ ଛାତ ପକେଇବା ଭଲ !
ବାସ୍ତୁ ନା ଆର୍କିଟେକ୍ଟ ? ଦୁଇଟି ମିଶେଇ
ଗୋଟେ ଫଏସଲା କର।

ହାତ ଉଧାର, ଜିପିଏଫ୍ ଓ କିଛି ଦୁଃସାହସକୁ
ନେଇ ଜମି କିଣାଯାଇଛି; ମାଫିଆଂକ ଆଖି ଆଢୁଆଳରେ
ଜାଗା ଭଲ
ପଚିଶ ବର୍ଷ ପରେ ଏ ହେବ
ସହରର କେଂନ୍ଦ୍ର ସ୍ଥଳ।
ତହସିଲ, ମ୍ୟୁଟେସନ୍, ପଟ୍ଟା, ୟେଲୋ ଜୋନ୍ ପିଛାରେ
ଛ' ମାସ, ପଚାଶ ଲିଟର ଓ ପଂଦର ହଜାର।

ଆଗରେ ଟିକେ ଜାଗା ରଖିବା
ନା ସେତକ ପଛରେ ?
ପ୍ରତ୍ୟେକ ଶୁଭେଚ୍ଛୁ ଗୋଟେ ଗୋଟେ
ଅଭିଜ୍ଞ ଇଂଜିନିୟର।

ଏଲ୍.ଆଇ.ସି., ହୁଡ୍କୋ ଓ କିଛି ମିଛ କଥାରେ
ନିଅଁ ଖୋଳା ହୋଇଛି
ମଡା ଯାଇଛି ହଜାରେ କବିତା ମୋର।

ଠାକୁର, ମୂଲିଆ, ମିସ୍ତ୍ରୀ ଆଦି କେତେକଙ୍କ ମନ ନେଇ
ପେଣ୍ଡୁ ଭଳି ଧାଇଁ ଧାଇଁ
ତିଆରି କରିଛି ଘର
ଜୀବନର ସବୁଠୁ ବଡ ଖବର।
ଯାହା ହେଉ, ଠିଆ ହେଇଗଲା ଘର
ଟଂକା, ଝାଳ କି ବୁଦ୍ଧି ପାଇଁ ନୁହେଁ
ଘର କରିବା ପାଇଁ କେବଳ ସାହସ ଦର୍କାର ।

ପବନ ନଥିବା ବେଲୁନ୍ ଭଳି
ପ୍ରଶଂସା ପ୍ରତୀକ୍ଷାରେ ନମ୍ର ବାପାଂକ ସାମ୍ନାରେ
କିଛି ବି ଉତ୍ସାହ ପାଇଲିନି
ବାପାଂକ ଆଖିରେ।

ବାପାଂକୁ ଭଲ ଲାଗିଲାନି ଘର।

ଏ କ'ଣ ଘର !
ଦି' ଖରିଟା ବାହାଘର, ପାଂଚଛ'ଟା ମୂର୍ତିକିଆ
ଗଣ୍ଡାଏ ଛ'ଟା ଛୁଟିକିଆ
ଦେଢ ହଜାର କଳି, ମନ ଫଟା ଫଟି
ହସ କାଂଦ ବର୍ଷା ବାତ୍ୟା
ନହେଲା ଯାଏଁ; ଏ କି ଘର !
ଏ ତ କଂକ୍ରିଟ୍ ସିମେଂଟ୍‌ର
ଷ୍ଟ୍ରକ୍‌ଚର କେବଳ।

ଲୁଂଠନ

ଖଂଡ ପ୍ରଳୟର ସୂଚନା ଦେଇ
ସେ ପହଂଚିଲା ଧୂମକେତୁ ପରି
ଦୁଲୁକିଗଲା ଭୂମି, ମଂଦିରରୁ ଖସିଲା
ଦଧି ନଉତି
ରକ୍ତର ଛିଟାରେ କରୁଣ ଦିଶିଲା ଗଡର ପାଚିରୀ
ଶୁଣିଥିଲୁ ଶତ୍ରୁର ସଂତ୍ରାସୀୟ ପରାକ୍ରମ
ଦେଖିଲୁ ଆଖିରେ;
ମାଟି ପାଇଁ ଜୀବନ ଦେବା ବାଜେ କଥା
ସହିଦ ହେବା ଥିଲା ଅନେକଂକ କପାଳରେ।

ଶବ ଡେଇଁ ଡେଇଁ ସେ ବନାଗ୍ନି ପରି
ଭେଦୁଥିଲା ଭିତରକୁ, ଉଦ୍ଧତ ବାତ୍ୟା ପରି
ଏକ ପୋଡା ରାଜପଥରେ
ସେ ପହଂଚିଲା ରାଜଧାନୀକୁ
ଆମ ସ୍ୱପ୍ନ, ସଂକଳ୍ପ ଓ ସମୃଦ୍ଧିର
ଶକ୍ତି ସ୍ଥଳକୁ।
ସେ ସିଂହାସନରେ ବସିଥିଲେ
ଆମେ କୃତାର୍ଥ ହୋଇଥାଂତୁ
କେଉଁ ପ୍ରଜା ଭଲା ନଚହିଁବ ଯେ
ତା ଭଳି ରାଜାଟିଏ ପାଇବାକୁ;
ଶୀର୍ଷ ସାମର୍ଥ୍ୟକୁ।

ସେ କିଂତୁ ଆସିଥିଲା
ଲୁଂଠନ ଲକ୍ଷ୍ୟରେ
ସେ ଥିଲା ତରତର
ବୋଧେ ଆକୁଳ କରୁଥିଲା
ମାଟିର ଡାକ; ଘରର।

ମଂଦିର ଖୋଲାଥିଲା
ଆମର ମହାପ୍ରଭୁଂକୁ ନେଲାନି
ରାଣୀ ଅଂତଃପୁର ଜଗୁଆଳହୀନ
ଆଡ ଆଖିରେ ଚହିଁଲାନି
ମେଲା ଥିଲା ଐଶ୍ୱର୍ଯ୍ୟର ପୂର୍ଣ୍ଣ ଭଂଡାର
ଛୁଇଁଲାନି।

ସେ ଖୋଜୁଥିଲା; ପାଗଳ ଭଳି
କବିଂକୁ ଆଡେଇ ଦେଲା, ପଂଡିତକୁ
ଆଡ କରିଗଲା
ରାଜ୍ୟର ଶ୍ରେଷ୍ଠ ବେଶ୍ୟାକୁ, ସନ୍ନ୍ୟାସୀକୁ
ସୌଦାଗରକୁ, କାହାକୁ
ଲୋଭେଇଲାନି।

ଶେଷରେ କାହାକୁ ଜଣକୁ
ଅଂଧାରରୁ ଗୋଟେଇ ଘୋଡା ପିଠିରେ
ଅଂଧାରରେ ଚଲିଗଲା।
ସେ ବିଦୂଷକକୁ ନେଇଥିଲା ବୋଲି
ବହୁ ବର୍ଷ ପରେ ଜଣାପଡିଲା।

ଶରତର ଜହ୍ନରାତି

ଶରତର ଜହ୍ନରାତି ଲୋଭନୀୟ ପାପ ପରି
ପ୍ରଲୋଭିତ କରେ
ଜୋଛନାର ଢେଉରେ ଭସାଇ, ଦେହ ମନ ଆତ୍ମାକୁ ଭିଜାଇ
କଳଂକର କାରୁ କାର୍ଯ୍ୟ ଗଢ଼େ
ଯେତେ ଭୟ, ସେତେ ବି ଆଗ୍ରହ ମୋହ
ବିଷଧର ସାପ ଫଣା ତଳେ ନେଇଛି ଆଶ୍ରୟ।

କାହାର ଏ ଆସକ୍ତିର ମୂର୍ତ୍ତି; ଜହ୍ନ କିରଣରେ
ମୃତ୍ୟୁଠୁ ବି ଜୀବନକୁ କରିଛି ସୁଂଦର
ପାପର ପସରା ଖୋଲି କାକରର କଅଁଳ ନଈ ପଠାରେ
ସମୟ ସଉଦା କରେ
ଆଖି ପତା ଉପରେ ରଚେ ଆଲୁଅର ଅଦ୍ଭୁତ ଉଆସ
ଦୀର୍ଘଶ୍ୱାସର ଦରଓ୍ୱାଜା ଖୋଲି ମାଡି ଆସେ ରାତି
ଶରତର ଜହ୍ନଛୁଆଁ ରାତି, ଛାତିର ପାଉତି।

ଏ ରାତିରେ ସକଳ ଋତୁର ସ୍ପର୍ଶ
ଏ ରାତିରେ ସବୁ କାଳର ପ୍ରକାଶ
ଏ ରାତିରେ ମିଛ ସତ କିଛି ନାହିଁ
ଅଛି ସବୁ ନାଇଁ ନାଇଁ ନାଇଁ ସବୁ ଅଛି ଅଛି
ଏ ରାତି ମାୟାର ଅଂକା ବଂକା ମହା ନଈ।

ଆକାଶର ନୀଳ ହ୍ରଦରେ, ପହଁରଂତି
ଅଜଣା ଅଶୁଣା ପକ୍ଷୀ ଅଦ୍ଭୁତ ସ୍ୱରରେ
ଅମାନିଆ ଖିଆଲି ବାଦଲ ସବୁ ଦିଶିଯାଂତି
ମୋ ଅତୀତ ଓ ଭବିଷ୍ୟତର ଗୁପ୍ତ ରୂପ ନେଇ
ମୁକ୍ତ ହୋଇଯାଂତି ସମସ୍ତ ଇଂଦ୍ରିୟ
ଯେ ଯାହାର ଲୀଳା ରଚଂତି ଆପଣା ଢ଼ଂଗରେ
ମୁଁ ପାଲଟେ ନୀରବ ଦର୍ଶକ
ଜହ୍ନରାତି ପାଲଟେ ଶଙ୍କଂକର ଶବ ବାହକ
ଏକା ଏକା; ପଥ ଅନେକ।

ଶରତର ଜହ୍ନରାତି
ଜୀବନଠୁ ପ୍ରିୟ ମୋର, ମୋକ୍ଷଠୁ ମଧୁର
ଯଦିବା ଲେଖା ଅଛି ମୁଁ ଜାଣେ
ଶରତର ଜହ୍ନ ରାତିରେ ମରଣ ମୋ'ର।

ଅନେକ ଅଶିଣ

ତୁମେ ମୋ ପାଇଁ ଅଳ୍ପ ଆଶା
ବେଶୀ ଆଶଂକା ହିଁ ଥିଲ;
ତୁମେ ପହଂଚିଲ ଅଶିଣରେ
କଳାହାଂଡିଆ ମେଘରୁ ଅସରାଏ ବହଳ ବର୍ଷା ପରେ
ଚିକ୍‌କଣ ନିଦା ଖରା ପଡ଼ିଥିଲା
ଗହୀରରେ ତୁଳସୀ ଫୁଲ କ୍ଷୀର ଢ଼ୋକୁଥିଲା
ଦୁର୍ଗା ମୂର୍ତ୍ତି ପାଇଁ ଅନୁକୂଳ ମାଟି
ଖୋଜା ହେଉଥିଲା
ତୁମେ ପହଂଚିଲ
ଲାଗିଲା ମହାପାର୍ବଣର ମାସ ଆସିଗଲା ।

ତୁମକୁ କଣ ଦେବି ଅଶିଣ ମାସରେ
କାଶତଂଡୀ ଫୁଲ, କୁଆଁର ପୁନେଇ ଜହ୍ନ
ଦାଂଡ ଧୂଳିରେ ପୁଚି ଖେଳ, ନଈ ପଠାର ପାଳ ଭୂତ
କଣ ଦେବି ତୁମକୁ ଅଶିଣ ମାସରେ
ଟିକେ ନିବିଡ ଅଂଧାର ଟିକେ ନରମ ଆଲୁଅ
ଟିକେ ନିର୍ମଳ ଆକାଶ ନା ଧଳା ବାଦଲର ମୂର୍ତ୍ତି କିଛି
କ'ଣ ଦେବି ତୁମକୁ
ଅଶିଣ ଭୋଗ ଡାଲାରୁ କଣ ବାଛିବି ?

ମୋର ସବୁ ଅଛି
ଯାହା ସବୁ ଅଶିଣରେ ମିଳେ
ସମଗ୍ର ସମୟକୁ ସଂକୁଚିତ କରି ରଖିଛି
ଅଶିଣ ମୁଠାରେ
ସବୁ ଭାବ, ଭାଷା, ସ୍ୱର, ଲୟ, ତାଳ
ସବୁ ରୂପାଂତର କରିଛି
ପ୍ରେମ ଲିପିରେ।

ମୁଁ ଅଶିଣ ମାସ ପାଲଟି ଯାଇଛି
ବୈରାଗ୍ୟର ରାସ କି ରାସର ବୈରାଗ୍ୟ
କ'ଣ ମତେ ଘୋଟି ଯାଉଛି
ନୀଳ ନୀଳ ଆକାଶ, ଶୂନ୍ୟତାର ଶୋଷ
ପୂର୍ଣ୍ଣତାର ମହାମଂତ୍ର
ମୋ ଆଖି ଓ ଆୟୁଷକୁ ଆସକ୍ତ କରିଛି।

ଜୀବନଟା ଅନେକ ଅଶିଣ
ହୋଇ ଯାଆଂତାକି !

ଗୋଟେ ମହାପର୍ବ ଦୀର୍ଘ ପର୍ବ
ଯାହା କିଛି ମୋର ଅଛି
ସବୁ ଦେଇ ଦେବି
ଲକ୍ଷେ ଫଗୁଣ ବଦଳରେ
ଗୋଟେ ଅଶିଣ କାମନା କରିବି।

କୋକିଳର ଘର

ରାସ୍ତା ସେ ପାଖରେ
କୋକିଳର ଘର । କୋକିଳ ?
କୋକିଳକୁ ଚିହ୍ନିନ
ମୋ'ର ମହମହ ମହା ବାଲ୍ୟକାଳ ।

ସେତେବେଳେ ବହୁତ କମ୍ ରାସ୍ତା ଥିଲା
ଏଇ ସହରରେ; ଏବେ ତ ସବୁଆଡ଼କୁ ରାସ୍ତା ଫିଟିଲାଣି
ରାସ୍ତା ସତରେ ଯୋଡ଼େ
ନା ଅଲଗା କରେ ?
ସରକାର କି ଲୋକେ କେହି ବୁଝିଂତିନି ।

ରାସ୍ତା ସେ ପାଖରେ ସିନା
କୋକିଳର ଘର କିଂତୁ ବହୁ ଦୂରରେ
ଯେମିତି ବାଦଲର ସ୍ଥିର ଛାଇ ଟିକେ
ଅଛି; ହୁଏତ ନଥାଇପାରେ ।

ଆରକ୍ଷଣକୁ ।

କୋକିଳ ? ଆମ ପୂର୍ବ କଲୋନିର
ପଂଡ଼ା ମଉସାଂକ ଅଳିଅଳୀ ଫୁଲ ।

ରାଗରେ ମହ୍ଲାର, ଋତୁଂକର ଚିତ୍ରଘର
ମହମର ପ୍ରାସାଦରେ ଜଳଂତା ଦୀପଟିଏ
ସେ କରିଥିଲା ଏମ୍.ଏ., ବି.ଏଡ୍
କରେସ୍‌ପଂଡ଼େନ୍‌ସରେ ଏମ୍.ବି.ଏ.
ଆମେ ଯେତେବେଳେ ମହୁ ମୋହରେ
ବିରୁଡ଼ିଭରା ଭାଂଗୁଥିଲୁ, ଦେହକୁ
ଅଥଳ ଦରିଆ ବୋଲି ଭାବୁଥିଲୁ
ସେ ପ୍ରଜାପତି ପରି ମାଉସ୍ ଉପରେ ବସିଗଲା
ବହୁରାଷ୍ଟ୍ରୀୟ କଂପାନୀର ଗ୍ରାଫ୍ ଉଚ୍ଚ କରିଦେଲା ।

କୋକିଳ କାହିଁକି ଏକୁଟିଆ ରହେ ?
ଫୁଲ କୁଂଡ଼ରେ ନିଜେ ପାଣି ଦିଏ
ଟି.ଏମ୍.କରେ, ଯୋଗକରେ, ଓଜନ ଜଗେ
କଦବା କ୍ୱଚିତ କେବଳ ଚେରମୂଳି ଖାଏ
ଟାଇମ୍ ପଢ଼େ, ଏଫ୍.ଟି.ଭି. ଦେଖେ
ଆକାଶକୁ ଚହେଁ, କାକରରେ ଅଂଧାର ଟୋପେ ଭିଜେଇ
ଆଖିରେ ଲଗାଏ, କ୍ୱଚିତ କଲମ ଧରେ
ଦଶରେ ଅଫିସ୍ ସାତଟା ସତରରେ ଘର
ଅବଶିଷ୍ଟ ସମୟ କେବଳ ତା'ର
ଏଥିରେ କେଉଁ କାଳର ବି ନାହିଁ ଅଧିକାର ।
ସେ ସତ ନଈଟିଏ ନା
ସରସ୍ୱତୀ ପରି ? ସେ ପ୍ରଶ୍ନଟିଏ ନା
ଉତ୍ତର କାହାରି ?

ସଂଦେହରେ ଡଂଗା ବାଡ଼େଇ ହେଉଛି କୂଳରେ
ବହୁ ଘର, ମଂଦିର, ପାଦ ଟଳମଳ
ପ୍ରତି ସକାଳେ ସମୁଦ୍ର କୂଳରେ ଶହ ଶହ
ସ୍ୱପ୍ନଂକ କଂକାଳ, ଢେଉର ହରତାଳ ।

କୋକିଳର କିଛି ଯାଏ ଆସେନି;
ସେ ତ ଦୋଳି ଖେଳି ଛୁଉଁଛି ଦୂର ଚକ୍ରବାଳ
କିଏ ତା'ର ଅଦୃଶ୍ୟ ଓହଳ ।

ରାସ୍ତା ସେପଟେ କୋକିଳର ଘର;
ରାସ୍ତା ହିଁ ବଢ଼େଇ ଦେଇଛି
ଦୂରତା ଆମର ।

ଅପେକ୍ଷାରେ ଅଛି

ଜୀବନରେ ଯାହା ସବୁ ଘଟିଛି
କୋଣାର୍କ, କଳାପାହାଡ଼;
ଏ ଘୋ' ଘୋ' ଭିତରେ ବି
ସବୁ ମନେ ପଡୁଛି ।

ତୁମ ସହ ଦେଖା ହେବା, ପୁଣି
ଦିଗ୍‌ବଳୟ ହୋଇଯିବା
ବାତ୍ୟା, ବନ୍ୟା, ମରୁଡ଼ି, ମଂଦିର ଭଂଗା
ରକ୍ତ ଛିଟିକାରେ ଇତିହାସ ଅସନା ହେବା,
ଜଂଗଲରେ ପଶି ପ୍ରଥମ କରି ଗୋଟେ
ଗଛର କଂଦା ଖାଇବା
ଇଂଦ୍ରଧନୁ ଦେଖୁ ଦେଖୁ ନିଜେ
ଅଦୃଶ୍ୟ ହେଇଯିବା, କେତେ ଦୁଆରୁ
ନିଜ ଛାଇରେ ଲୁଚି ଲୁଚି ଲାଜରେ ଫେରିବା
ସବୁ ମନେ ପଡୁଛି
ଏ ଗହଳରେ ବି ଅତୀତ ମତେ
ସବୁବେଳେ ଏକଲା କରି
ସୁକୁଟ ଦେଖୁଛି ।

ଅବଶ୍ୟ ତୁମେ ଭବିଷ୍ୟତର ଭୂକଂପରୁ
ମାଟି ତଳୁ ଉଠି ଲାଭା ପରି ବହିଯାଉଛ
ମତେ ଯେବେ ଶେଷ ଶେଷ ଲାଗିଛି
ତୁମେ କେଉଁଠୁ ନା କେଉଁଠୁ ଡାକଟେ ଦେଉଛ
ଲାଗୁଛି, ଖେଳ ସରିନାହିଁ
ଆହୁରି ବହୁତ କଥା ହେବାର ଅଛି
ହେଲେ, କ'ଣ ମୋର କେବଳ ଅତୀତ ଓ ଭବିଷ୍ୟତ ଅଛି
ବର୍ତ୍ତମାନ ବୋଲି କିଛି ନାହିଁ !

ଅପରେସନ ବିଜୟ

ସାଫଲ୍ୟର ଜୟମାଲ୍ୟ, ବିଜୟର ବୈଜୟଂତୀ ଧରି
ଫେରିଛି କାର୍ଗିଲ୍‌ରୁ ଯଜ୍ଞ ଅଶ୍ୱ
ଜୟ ଡିଂଡ଼ିମରେ ଜୟପତ୍ର ସହ
ବିଜୟ ପଟୁଆରରେ, ସୀମାଂତରୁ ଆସିଛି
ଆକାଶ ଭଳି ସ୍ପର୍ଧିତ ପୌରୁଷ ।
ନମସ୍ୟ । ନମସ୍ୟ ।

ଯୁଦ୍ଧ-ବିଧବାର ବସନ ଭଳି
ଆର୍ତ ଓ ପବିତ୍ର ସେ ରଣ କ୍ଷେତ୍ର
ଯେଉଁଠି ପ୍ରକୃତି ମଂତ୍ର ହୋଇ ଝରୁଥାଏ
ଝୋଟି ଚିତାର ଚିତ୍ରଘରକୁ, ଯେଉଁଠି
ନୀରବତାର ଶୃଂଗ ଉପରେ ଧ୍ୟାନସ୍ଥ ମହାକାଳ
ସେଠୁ ଶୁଭିଲା ଯୁଦ୍ଧଂ ଦେହି ଯୁଦ୍ଧଂ ଦେହି
ପରାଜୟ ବିରୁଦ୍ଧରେ ନୁହଁ, ନିଶ୍ଚିତ ବିଜୟ ଅଭିଯାନରେ
ଆମେ ଲଂଫ ଦେଲୁ, ପ୍ରେମିକ ପୋଷାକ ଫିଂଗି
ଯୁଦ୍ଧ ସାଜରେ
ବିଜୟ ତ ଚିରକାଳ ଲେଖାଅଛି ଆମ କପାଳରେ
ଯୁଦ୍ଧରେ ଓ ପ୍ରେମରେ ।

ଯେଉଁ ହାତ ରୁଗ୍‌ଣ ଭିକ୍ଷାଥାଳକୁ ଦେଇପାରେ
ଦୟା ଆଉ କରୁଣାର ମିତ୍ରପଣ

ସେ ହାତ କମାଣ ଧରିଲେ, କ'ଣ କରିପାରେ
ତୁମେ ଭଲ ଭାବେ ଜାଣ
ନ ହେଲେ ଇତିହାସଠୁ ଶୁଣ
ଯେଉଁ ହାତ ତୁମ ବଂଧ୍ୟା ଭୂଇଁରେ ଫୁଟେଇପାରେ ସବୁଜିମା
ସେହି ହାତ, ତୁମରି ରକ୍ତରେ
ତୁମ ମାନଚିତ୍ର ବି ଆଂକିପାରେ
ଯେମିତି ମାଗିଲ, ସେମିତି ପାଇଲ
ଫୁଲକୁ ଫୁଲ
ଅଗ୍ନିତୋଡ଼ା ହିଁ ପ୍ରାପ୍ୟ ତୁମର ।

ଯାଇଥିଲୁ ବିଶ୍ୱାସର ବୋଇତରେ
ଏବେ ଫେରିବାକୁ ହେଲା
ଘାତକୀଂକ ଶବ ଭର୍ତ୍ତି ରଣପୋତରେ ।
ଇତିହାସରେ ଏମିତି କେତେ କାର୍ଗିଲ ହୋଇଛି
ବାଟାଲିକ୍‌ରେ ବିଗୁଲ ବାଜିଛି
ଏକାଭଳି ସବୁଥର ଫଳ
ପରାଜୟରୁ ଯେ ଶିଖିପାରିନି
ତା'ର ପରାଜୟ ହିଁ କେବଳ ।
ଯୁଦ୍ଧ ପାଇଁ
ପ୍ରକୃତରେ ଶତ୍ରୁ କାହିଁ ? ଯୁଦ୍ଧକ୍ଷମ ଶତ୍ରୁ !
ଜଣେ ଶହୀଦର ରକ୍ତରେ ଭାସିଯିବ
ତୁମ କ୍ରୋଧ ଓ କଳ୍ପନାର ଅବୟବ
ଗୋଟେ ରଣ ରଡ଼ିରେ ଫାଟିଯିବ
ତୁମ ଅଂଧାରି ବଂକର
ଶତ୍ରୁ ହେବାକୁ, ତୁମକୁ ଆହୁରି
ଶହେ ବର୍ଷ ଲାଗିଯିବ ।

ସେ ଯାଏଁ ତୁମେ କ'ଣ ସତରେ
ଅପେକ୍ଷା କରିପାରିବ !

ମାଟି ନେଲ, ଆକାଶ ନେଲ
ରକ୍ତରୁ ବି ଭାଗ ମାଗିଲ; ସବୁ ନେଲ
ହେଲେ ଦେଶ ହେଇ ପାରିଲନି
ଇତିହାସରୁ ବିଚ୍ଛିନ୍ନ ହେଇ, ଝିଟିପିଟିର
ଛିଂଡ଼ା ଲାଂଜ ପରି ଅକର୍ମଣ୍ୟ ସ୍ପଂଦନରେ
ନିଜ ରକ୍ତରେ ରଂଗଉଛ
ନିଜର କବରସ୍ଥଳ
ଯେ ତୁମର ଅର୍ଜିତ କର୍ମଫଳ ।
ପଦୁଟେ ଡାକରେ ତୁମେ ନେଇଥିବା ନଈ
ଚାଲିଆସୁଛି ଆଂଜୁଳାକୁ, ଚାହିଁଲେ
ଘୁଂଚେଇ ପାରିବୁ ନିୟଂତ୍ରଣ ରେଖା
ତୁମ ଛାତି ଭିତରକୁ ।

ଯେଉଁ ସିଂଧୁ ନଦୀରେ ବହୁଥିଲା
ସଭ୍ୟତାର ଚିତ୍ର ତରୀ, ସେଠି ଆଜି
ପାଗଳ ନାଉରୀ, ମରଣର ମୁହାଣକୁ ମୁହେଁଇଛି
ଅଂଧାରରେ ଗଢ଼ା ମୂର୍ତ୍ତି ପାଦତଳେ
ଜୀବନର ସମସ୍ତ ଆଲୁଅ ନୈବେଦ୍ୟ ବାଢୁଛି ।
ଯେଉଁ ବିଷ ମଂଜି ପୋତା ହୋଇଥିଲା
ବହୁ ବର୍ଷ ତଳେ, କୋଟି କୋଟି ଦୀର୍ଘଶ୍ୱାସ
ନିରୀହ ରକ୍ତକୁ ଆଧାର କରି
ସେ ଝଂକେଇଛି, ତୁମକୁ ଆକାଶଠୁ ଅଲଗା କରିଛି
ତୁମେ ବସିଛ ଘୃଣାର ଛାଇରେ, ସାପ ଫଣା ତଳେ
ତିକ୍ତ ଅତୀତକୁ ଲୁଚେଇ ରଖିଛ
ଗଛ କୋରଡ଼ରେ ।

ଦେଖ
ତୁମ ମଢ଼ ଉପରେ କାର୍ଗିଲ, କେମିତି
ଚିତ୍ର ଓ ଗୀତର ନୂଆ ଖାତା ଖୋଲିଛି

ନବେ କୋଟି ପ୍ରାର୍ଥନାର ପୁଣ୍ୟ ଭୂଇଁ
ପାଲଟିଛି ।
ଶହୀଦ ଫେରିଛି; ରାଜସ୍ଥାନକୁ, ମଣିପୁରକୁ
କେରଳକୁ, କଟକକୁ
କାଶ୍ମୀର କାଂଦିଲେ, କନ୍ୟାକୁମାରୀ ଆଖିରୁ
ଲୁହ ଝରିଛି, ସେଠି ପଦ୍ମପାଣିର ଛାତିରେ ଗୁଳି ବାଜିଲେ
ଏଠି ମୋ ଛାତିରୁ ରକ୍ତ ଝରୁଛି
ଏ ମାଟି, କେବଳ ମାଟି ନୁହେଁ
ଶହେ ସ୍ୱର୍ଗଠୁ ବଳି
ଆମ ପାଇଁ ସବୁକିଛି ।

ଆମେ ସମସ୍ତେ ଥିଲୁ ସୀମାଂତରେ
କାଳିଆର ଡାକରାରେ, ଦେହ ହୁଏତ ଏଠି
ଘର ଜଗୁଥିଲା, ବିଲରେ ବିହନ ବୁଣୁଥିଲା
ମନ ଓ ହୃଦୟ କିଂତୁ ବୁଲୁଥିଲା ଦ୍ରାସ ସେକ୍ଟରରେ ।

ବିଜୟର ଦିବ୍ୟ ଧ୍ୱଜ ଧରି
ଫେରିଛି ଯୁଦ୍ଧ ଯାନରେ ଭାରତବର୍ଷ ।
ନମସ୍ୟ । ନମସ୍ୟ ।

ଯେ ଉଲ୍ଲାସର ଅଂଶୀଦାର
ବାଜପେୟୀ, ଜର୍ଜ, ଯଶବଂତ କି ହନୀଫ୍ କେବଳ ନୁହଁ
ଯେ ବିଜୟ ମୋର
ଯେ ବିଜୟ ତୁମର
ଯେ ବିଜୟ ଆମ ସମସ୍ତଙ୍କର ।

ବେଢ଼ା ପରିକ୍ରମା

ମଂଦିରରେ କେତେ କେତେ ଦିଅଁ
କେଉଁ ଦିଅଁ ମୋର କପାଳପାଳକ
କେମିତି ଜାଣିବି ?
କାମନାର କଳହଂସ କେଦାରରେ
କାହାକୁ କି ପ୍ରାର୍ଥନା କରିବି ?

କିଏ ବସିଛି କାଳ ଛଂଚଣ ଭଳି
କିଏ ଠିଆ ରହିଛି କାଳ କାଳ, ଭୟର
ବୀଜବୃକ୍ଷ ଭଳି, ରହସ୍ୟର
ଶାଖା ପ୍ରଶାଖା ମେଲାଇ
କିଏ ନୀରବତାର ନିଃସ୍ୱ ଅଂଧାରକୁ
ପ୍ରୀତି ଦେଇ ରମୁଥାଇ ।

କାହାର ବୟସ ଅନୁମାନର ବାହାରେ
ତ କିଏ ଗୁରୁଂଡୁଥାଇ
କିଏ ଯୁଦ୍ଧକୁ ଯିବାକୁ ପାଗ ଭିଡୁଥାଏ
ତ କିଏ ବନକୁ ଯିବାକୁ
ନିଜକୁ ସଜାଡୁଥାଏ ।

ମଂଦିରରେ ମୋର ପ୍ରତ୍ୟେକ ମୁହୂର୍ତ୍ତ
ସୃଜୁଥାଇ ଦିଅଁ, ଗୋଟିଏ ଗୋଟିଏ

ଏତେ ଏତେ ସଂଭାବନାର ଗୋଳିଆ ସମୁଦ୍ର ଭିତରେ
ମୁଁ ଫେଣ ଟିକିଏ ।

ଫେରୁଚି ହାତରେ ଫୁଲ, ଦୀପ
ଅମୁଣିଆ ଧରି; ତଳକୁ ତଳକୁ
ପାହାଚରେ
ଦୂରର ତାରାର ଭଂଗା ଖଂଡ଼ ପରି
ପୃଥିବୀର ବାୟୁମଣ୍ଡଳରେ ।

ତଥାପି ଲାଗୁଛି
ମୋର ଗୋଟେ ଦିଅଁ ଅଛି
କେଉଁଠି ନିଶ୍ଚୟ
ଯେଉଁ ନିଅଁ ଉପରେ
ଥୋଇ ପାରିବି ମୋ ପାପର ସୁଦୃଶ୍ୟ ନିର୍ମାଣ
ଓ ବିବିଧ ପୁଣ୍ୟ ।

ସେ କ'ଣ ମୋର ଦିଅଁ !
ଯେ ବସିଛି କାଳ କାଳ
ପହୁଡ଼ ପକେଇ;
କେବେ ତୁମ ପହୁଡ଼ ଉଠିବ
ଦେଖା ହେବ ହେ
ଗୋସାଇଁ !

■■

କେତେ ସମୟ

କେତେ ସମୟ ଲାଗେ
କବିତାଟିଏ ଲେଖି ହେବାକୁ
କିଏ କହିବ !
କେତେ ସମୟ ଲାଗେ
ଜଣେ ନୂଆ ନାରୀର ପ୍ରେମ ପାଇବାକୁ !

ଚକୁଳିଆ ପଂଡ଼ା ପରି ଅସ୍ଥିର ପଦ ଭିକ୍ଷୁକ,
ପବନ ପରି ଘୂରୁଥାଏ କଂକାଳରୁ କଂକାଳକୁ
ଥାନଟିଏ ପାଇବାକୁ
ପୁଣ୍ୟତମ ପୂର୍ଣ୍ଣ ସ୍ପର୍ଶ ଟିକେ ପାଇବାକୁ
ଯିଏ ବି କୁହଂତୁ ଛତରା ବାରବୁଲା
ମୋ ଅନ୍ୱେଷଣ ରାଣ
ମୁଁ ଏକାଂତ ଏକଲା
ଏକଲାଂକଠୁ ବି ଏକଲା ।

ମୋ ଶୋଷ ଡଂଗା ହୋଇ ଗଳିଯାଇଛି
ସାତ ସମୁଦ୍ର, ତେର ନଈ; ମୋ କ୍ଷୁଧା
ଗ୍ରାସ କରିଛି ସମଗ୍ର ଅଂତରୀକ୍ଷକୁ;
ମୁଁ ପ୍ରସାରିତ ପାପ ପିପାସା ଭଳି
ମୋର ଲୋଡ଼ା ଲୋଭର ପଂଜୁରୀ ।

ଯେହେତୁ ମୁଁ ପାଇଛି ଶାପ ଫଳର ସ୍ୱାଧୀନତା
ଖୋଜୁଛି ମୁଁ ପ୍ରିୟତମ ପରାଧୀନତା ।
ଶୂନ୍ୟ ଠୋଲା ପରି ମୁଁ ପବନରେ
ଉଡ଼ି ଚାଲିଛି, ପଂଗତରୁ ପଂଗତକୁ
କେବେ ପୂର୍ଣ୍ଣ ହେବ ମୋର ଶୂନ୍ୟ ପଣ !
ମୋ ଭିତର ଦେଇ ବିଜୁଳିଟିଏ
ମାଟିରୁ ଆକାଶ ହେବ; କ୍ଷଣକର କ୍ଷମତା
ଯୁଗଯୁଗର ବିଷାଦକୁ ବିତ୍‌ପାତ କରିଦେବ ।

କେତେ ସମୟ ଲାଗିବ
ଏଇ କବିତାଟି ସାରିବାକୁ !
କିଏ କହିବ ! କେତେ ସମୟ !
ତୁମଠୁ କବିତାର ପ୍ରାପ୍ତି ପତ୍ର ପାଇବାକୁ ।

ବସ୍ତ୍ର ହରଣ

ଶ୍ୟାମଳ ପାହାଡ଼ ସେପଟୁ
ଜହ୍ନ ଭଳି ଆଖିଟିଏ ଉଠୁଥିଲା, ବଉଦ ଆଡ଼େଇ
ମୂଳରେ ମରୁଥିଲା ଦେହର ଲୋମର ଛାଇ, ଦିଶୁଥିଲା
ଗତକାଲି ଆଗାମୀ କାଲି ଭଳି
ଗଂଠି ଫିଟା ସ୍ୱରଟିଏ ଆସୁଥିଲା ଦୂର ଏକ ନକ୍ଷତ୍ରରୁ
ତାରାଂକର ଫୁଲ ଦୋଳିରେ ଝୁଲି ଝୁଲି ।

ଆମେ ଅରଣ୍ୟରେ ପଶିଥିଲୁ
ନିରୀହ ବଣ୍ୟ ଜୀବ ଭଳି, ଘରେ ଥୋଇ ଆସିଥିଲୁ
ଅସ୍ମିତାର ସମସ୍ତ ଅର୍ଦ୍ଦଳି
କୂଳରେ ଉତାରି ଦେଲୁ ଅଂଗବସ୍ତ୍ର, ଦେହର ଶିକୁଳି
ମାଛ ଭଳି ଖେଳିଲୁ ନଈରେ
ନିଜ ଭଳି ଲାଗୁଥିବା କେବଳ ଦେହଂକ ମେଳରେ ।

ସ୍ଥିର ନଈକୁ ଦେଲୁ ସ୍ରୋତ, ପଠାର
ଅନାବନା ଫୁଲ ଓ ପ୍ରଜାପତିଂକୁ ଦେଲୁ ଗୀତ
କୁଳୁକୁଂଚା ପାଣିରେ ତୋଳିଲୁ ଇଂଦ୍ରଧନୁ
ପାଣିକୁ ଦେହ ସଂଗ ଦେଇ
ହୋଇଗଲୁ ପାଣି, ବହି ଯିବାକୁ
ନିଜର ଅସୀମ ଆୟତନକୁ ।

ଆମେ କ'ଣ, ଲଂଗଳା ହେଇଥିଲୁ
ନା- କେବଳ ବସ୍ତ୍ର ପିଂଧି ନଥିଲୁ
ସେଥିପାଇଁ ତ, କୂଳର ବସ୍ତ୍ର ଉପରେ
ଆଖି ଥିଲା, ଦେହ ଫିଟୁ ଫିଟୁ
ଗଂଠି ପଡ଼ି ଯାଉଥିଲା ।

ସବୁ ଛାଡ଼ି ଦେଇ; ସ୍ୱାମୀ, ସଂତାନ, ଗୁହାଳ
ଆମେ ସିନା ଆସିଥିଲୁ, ହେଲେ
ସେମାନେ ଆମକୁ ଲୋଡ଼ିବା ପୂର୍ବରୁ
ଆମେ ସେମାନଂକୁ ବେଶି ଲୋଡୁଥିଲୁ
ଅଥଚ ଏରୁଂଡ଼ି ଡେଇଁ ଆସିଥିବାର ଆନଂଦରେ
ପାଣିରେ ଫେଣ କରୁଥିଲୁ ।

ଆମେ ଦେଖିଲୁ, କୂଳର ବସ୍ତ୍ର ସବୁ
ପବନ ହୋଇଗଲା
ଆମର ଓଦା ଦେହକୁ ଆଉଁସି
କୁଆଡ଼େ ବୋଲି କୁଆଡ଼େ ଚଳିଗଲା ।
ପାଖ ଆଖରେ ଆଖି ବୋଲି
କିଛି ନଥିଲା; କେବଳ ଫୁଲ, ପତ୍ର, ପକ୍ଷୀ
ଅଥଚ ଆମକୁ ସବୁ ଆଖିମୟ ଲାଗୁଥିଲା
ବୋଧହୁଏ ଆଖିମାନଂକୁ ବେଶି ଡର ଥିଲା ।

କଅଁଳା ବାଛୁରୀଟିଏ ଡେଇଁ ଡେଇଁ
ଆସିଲା, ଆମକୁ ଅନେଇଲା
ପାଣି ପିଇ ଚଳିଗଲା
ଆମକୁ ଖୁବ୍ ଡର ଲାଗୁଥିଲା ।

କେହି ଏବେ ଆସିବାର ନାଇଁ
ଧର୍ଷକ କି ସ୍ୱପ୍ନ ପୁରୁଷ

ଏଠୁ ମୁକୁଳିବାର ମାର୍ଗ
ଆମକୁ ଜଣାନାହିଁ, ପାଣିରେ ବି
ଏ ଦେହକୁ ଦେଇ ହେଉନି ଉଜେଇଁ ।

ବସ୍ତ୍ର ଯଦି ପବନ ହୋଇଗଲା
ପବନ କାହିଁକି ବସ୍ତ୍ର ନ ହେବ ?

କେହି ଆମ ବିଳଂବକୁ ସଂଦେହ କରିବା ପୂର୍ବରୁ
ଆମକୁ ତ ନିଶ୍ଚୟ
ଘରକୁ ଫେରିବାକୁ ହେବ ।

ମେଳାରେ ମାଳିନୀ

ମେଳାରେ ମାଳିନୀ ହଜିଗଲା
ଯେମିତି ସୂର୍ଯ୍ୟ କିରଣରେ ଶିଶିର ବିଂଦୁ
ଆଖି ପତାରୁ ଆଳତି କର୍ପୂର
ସି.ବି.ଆଇ. ଅଫିସ ଫାଇଲ
ମନଛଡ଼ା ନୁହଁରୁ, ହାତ ଛଡ଼ା ହେଇ
ସକଳ ପ୍ରାର୍ଥନା ପରି
ପବନରେ ମିଶିଗଲା
ଯେ ପବନ ହେଇଗଲା ।

ଚରିଫୁଟ ଛ'ଇଂଚ, ରଂଗ ମଧୁର ଶ୍ୟାମଳ
ନାଲି ଫ୍ରକ୍, ଧଳାମୋଜା, ବୟସ
ପଂଦରରୁ ସତର;
ସବୁ ଭାଷା ବୁଝିପାରେ, କେବଳ ଓଡ଼ିଆରେ
ବାଙ୍‌ମୟ; ଆଖି ନୀଳ ଓ ଢଳଢଳ
ଏ ମେଳା କି ଏ ମାନବୀୟ ଘୂର୍ଣ୍ଣି
ତା' ପାଇଁ ନୂଆ ନୁହଁ ।

ମାର୍ଗ ବିଦ୍ୟାରେ ସେ ତ ଏକ ବିସ୍ମୟ !
ସେ ଲୁଚିପାରେ
ହଜିପାରୁ ନଥିଲା ଯା' ଆଗରୁ
ହଜିବା ଆରଂଭ ହେଲା; ଜାଣ
ଏଇଠାରୁ । ଦୋଳ ପୂର୍ଣ୍ଣମୀରୁ
ଥରେ ଚିତ୍ରଖାତାରେ ଲୁଚି ରହିଥିଲା

ଗୀତ ସାର ଦେଖିଲେ
ଥରେ ଆଟୁ ଉପରେ ଲୁଚିଥିଲା
ତା' ଡର ସମସ୍ତଙ୍କୁ ଦିଶୁଥିଲା
ସେ ଯେବେ ବି ଲୁଚୁଥିଲା
ଚିହ୍ନା ଜଣା ଜାଗାରେ, ଖୋଜିବାକୁ
ଗୁଡ଼େ ଚିହ୍ନ ଛାଡ଼ିଯାଉଥିଲା ।

ଏଇ ଜାଣ ପ୍ରଥମ ହଜିଲା
କେହି ଭୁଲେଇ ନେଇ ପାରିବେନି
ବୁଦ୍ଧି ତା'ର ନଈସୁଅ ପରି
କେହି ଭୟ ଦେଖେଇ ନେଇ ପାରିବେନି
ଆଖି ତା'ର ସାପଙ୍କର ଘର
ଆକାଶର ଜହ୍ନକୁ ଖସେଇ ଆଣି ପାରିବ
ଲୁହ ଟୋପାକରେ;
ଅବଶ୍ୟ ସେ ଲୋଭେଇଥାଏ ଚକୋ-ବାର୍‌ରେ ।

ମାଳିନୀ ମିଳିବ କେମିତି ?
ସବୁ ପ୍ରକାର ଖୋଜା ସରିଲାଣି
ପୁଲିସ୍ ଓ ସୂଚନା କେନ୍ଦ୍ର;
ସେ ମେଳାରେ ହିଁ ଅଛି ବୋଲି
ଖଡ଼ି ଧରା ଜ୍ୟୋତିଷ କହିସାରିଲାଣି
ମେଳା ସରିଲେ ସବୁ ଲୋକେ
ଯେ ଯା' ଖୁଆଡ଼କୁ ଫେରିଗଲେ
ଅବଶ୍ୟ ମିଳନ୍ତା ମାଳିନୀ
କେହି ନମାଜ ଯାଉନାହାନ୍ତି ମେଳା ସରୁନି
ମେଳାର ଶେଷ ଲୋକ ହେବାକୁ
କୁହ
କାହାର ମନ ହେବନି ?

ପାଦେ ପାଦେ ବିପଦ

ଦେଖିଲା ମାତ୍ରେ, ଲାଗିଲା
ଛାତିରେ ମୁଦ୍‌ଗର ପ୍ରହାର ।

ଏ ତ ସେଇ ପାଦ, ଯେ ମାଡ଼ି ଆସୁଛି
ମୋ ଆଡ଼କୁ ପବନ ଗତିରେ
ଯାହାକୁ ମୁଁ ହରାଇଥିଲି
ଗତବର୍ଷ; ଏକ ସଡ଼କ ଦୁର୍ଘଟଣାରେ ।

ମୋର ଯୋଗ ଦେବାର ଥିଲା
ଏକ ବିଜୟ ଶୋଭାଯାତ୍ରାରେ
ସମୟ ଶୀଘ୍ର ସରୁଥିଲା, ବାଟ
ସରୁ ନଥିଲା
ଠିକ୍ ସମୟରେ ପହଂଚିବା ଦର୍କାର
ମୁଁ ଥିଲି
ମୋ ଗତିର ଊର୍ଦ୍ଧ୍ୱରେ ।

କିଏ କିଏ ଆଖି ବୁଜି ଦେଉଥିଲେ, ଭୟରେ
କିଏ କିଏ ଆଖି ଖୋଲି ରହୁଥିଲେ, ଆଶ୍ଚର୍ଯ୍ୟରେ
ଅଋତୁରେ ବି ଫୁଲ ସବୁ ଫୁଟୁଥିଲେ
ରାସ୍ତା ଚେଇଁ ଉଠୁଥିଲା ବହୁ ବର୍ଷର
ବହୁ ବର୍ଷର ନିଦ୍ରା ଜଡ଼ତାରୁ

ଗୁଡ଼ି ଭର୍ତ୍ତି ଆକାଶରୁ ସୂତା ଖଂଡ଼େ
ମୋ ହାତରେ ।

ମୁଁ ଜାଣିନି, କେମିତି କ'ଣ ହେଲା
ନିଜକୁ ପାଇଲି ଡାକ୍ତରଖାନାରେ, ସବୁ
କାଳେ ଘଟିଗଲା ଆଖି ପିଛୁଳାକରେ ।

ପାଦ ଗଲା;
ବାଟ ବଢ଼ିଗଲା ।

ଏବେ ଏତେ ଦିନ ପରେ
ଦେଖୁଛି ପାଦକୁ; ମୋ ପାଦକୁ
ମତେ ଚୁରି ଦେବାର ଶକ୍ତି ଓ ସଂକଳ୍ପ ନେଇ
ସେ ଆସୁଛି; ମୋ ହୁଇଲ୍ ଚେୟାର ଆଡ଼କୁ ।
ପାଦ ପରେ ଯିବ ଆଖି;
ସେ ଆଖି ମୋ ଅଂଧତ୍ୱକୁ ଖତେଇ ହେବ
ଆଖି ପରେ ଯିବ କାନ
ସେ କାନ, ମୋ ଦ୍ୱୀପତ୍ୱକୁ ଧକ୍କା ଦେବ
ଏମିତି ଅନ୍ୟ ଅନ୍ୟ ଅବୟବ
ସବୁ ଆରଂଭ ପାଦରୁ ।

ହେ ଭଗବାନ !
ମତେ ରକ୍ଷା କର, ରକ୍ଷା କର
ମୋ (?) ପାଦ କବଳରୁ ।

ଗଂଠି

ଏବେ ଘର ଅପେକ୍ଷା
ଦାଂଡ଼ ଶୋଭା ଲାଗୁଛି ।

ରଥଖଳାରେ ଅଧା ତିଆରି ଚକ ଉପରେ
ବସିଥିବ; ବୁଲି ଆସୁଥିବ ବ୍ରହ୍ମାଂଡ଼
ଦାଂତ ସଂଧିରୁ ପାନ ସିଠା ଖୋଳି
ସୁସୁ ହେଉଥିବ; ସମୟ ସରି ଯାଉଥିବ
ଫୁଲ ହୋଇ ଫୁଟୁଥିବ କାକର ଛୁଆଁରେ
ଦୂରର ଦୂରର ବଇଁଶୀରୁ ସ୍ୱରେଇ ସ୍ୱରେଇ
ପବନ ଆସୁଥିବ
ମୁଂଡ଼ର ବାଳକୁ କୁତୁ କୁତୁ କରୁଥିବ
ଘରେ ଏସବୁ
କେଉଁଠୁ ମିଳିବ ?

କଥା କଥାକେ ଭାଗ୍ୟକୁ, ଠାକୁରକୁ
ସାକ୍ଷୀ ରଖିବାକୁ ହେଉଛି
ଆଗ ଦୁଆରରୁ ପଛ ଦୁଆର
ଜଳ ଜଳ ଦିଶୁଛି
ଖାଲି ଦୁର୍ଘଟଣା, ଅପହରଣର ଗପ
ବୈଠକ ଘରେ, ରୋଷ ଘର ପୋଡ଼ା ତରକାରୀର ଗଂଧ
ଘରର, କାଂଥ ଉଚ୍ଚ ହେବାରେ ଲାଗିଛି

ମୁଁ ଛୋଟ ହେଇଯାଉଛି
କଲିଂ ବେଲ୍ ବାଜୁଛି ତା'ପରେ ତା'ପରେ
ଟିଭି ଆଉ ଟେଲିଫୋନ୍
ରଖାଇ ଦେଉନି ଘରେ ।

ଦାଂଡ଼ରେ
କେତେ କେତେ ଶବ୍ଦ ନ ହେଉଛି
କିଂତୁ ମୋ ପାଖକୁ ତ
ଖାଲି ସ୍ୱର ବେଜାଏ
ମୁଁ ତ ଏଇତକ ରହେଁ ।
କେହି ନଉଠଂତୁ ବରଂ, ମୋ ଫେରିବାକୁ
କଳା ବିଲେଇଟି ଆଖିରୁ ଆଲୁଅ ବାହାର କରି
ବାଟ ଦେଖାଇବାକୁ ବସିଥିବ
ତା'ଲାଗି ତ ଯିବାକୁ ହେବ ।

କ୍ୟାଲେଂଡ଼ର୍‌ରେ ତାରିଖ ବଦଳେଇବାକୁ ତ
ଯିବାକୁ ହେବ । ପୋଷା ଶାରୀର ବାସୀ ସ୍ୱରକୁ
ସଫା କରିବାକୁ ତ ଯିବାକୁ ହେବ
ଏଇ ଏଇ ଛୋଟ ଛୋଟ କାମ ପାଇଁ
ଯିବାକୁ ହେବ ।

ମୁଁ ଆସୁଛି ଟିକେ ଘରୁ
ପବନରେ ଗଂଠିଟି ପକେଇଛି ଫିଟଉଥାଅ
ମୁଁ ଏଇ ଗଲି, ଆସିଲି
ମତେ ପ୍ଲିଜ୍
ଅପେକ୍ଷା କରିଥାଅ ।

ଅତିଥି ନିବାସ

ଆମ ପାଇଁ ଉଦ୍ଦିଷ୍ଟ କୋଠରୀ
ଖୋଲି ଦେଲା ବୃଦ୍ଧ ଜଗୁଆଳ ।

ଆମ ସହ ଆସିଥିବା ପୋଷା ପଶୁ ପକ୍ଷୀମାନଙ୍କୁ
ବାହାରେ ରହିବାକୁ ନିର୍ଦ୍ଦେଶ ଦେଇ
ଆମେ ପଶିଲୁ ଭିତରେ ।

ଝର୍କା ଖୋଲି ଦେଇ ବାହାରକୁ
ପଠେଇ ଦେଲୁ ଅବରୁଦ୍ଧ ପବନକୁ
ବାହାରେ ଥିବା ଫୁଲଂକ ସହ ଖେଳିବାକୁ
ପରିଚିତ ସ୍ଥାନରେ ଅପରିଚିତ କୋଠରୀକୁ
ଆମେ ଶୂନ୍ୟ କରିଦେଲୁ ।

ବଉଦ ବିହୀନ ଆକାଶ
ଆମକୁ ଏକଦମ୍ ଅର୍ଖ ନୂଆ ଲାଗିଲା;
ଆକାଶ ବୋଲି କ'ଣ କିଛି ଅଛି,
ପ୍ରତିଫଳିତ ଧୂଳିକଣା ତ !

ମାପିଲୁ ଆକାଶଠୁ ନିଜ ନିଜର ଦୂରତା
ଗୋଟେ ହାରାହାରି ଦୂରତା ନିର୍ଣ୍ଣୟ କଲୁ
ଆକାଶଠୁ ଏଇ କୋଠରୀର ।

ଯେତେ ଚେଷ୍ଟା କଲେ ବି କେଉଁ ଫାଂକରୁ
ଦିଶିଲାନି ଜହ୍ନ, ଜହ୍ନକୁ ବି ଏତେଟା ଲୋଡ଼ା ନଥିଲା
କେବଳ ଦେଖିବାରେ ଆଗ୍ରହ ଥିଲା
କେମିତି ଦିଶେ ଜହ୍ନ, ଏଇଠି

ଆମ ପୁରୁଣା ଆଖିରେ
ପୂର୍ଣ୍ଣିମା ତିଥିରେ ।

ଗୋଟେ ଗୀତର ଶବ୍ଦ ମନେ ପଡ଼ିବା
ଓ ସ୍ୱର ଆଦୌ ମନେ ପଡୁନଥିବା ବେଳରେ
ବାହାରେ ହଠାତ୍ ଅଂଧାର ଘୋଟିଗଲା
କମ୍ ଅଂଧାରଥିବା ଏଇ କୋଠରୀଟି
ଲାଗିଲା ଦ୍ୱୀପଟିଏ
ଅଂଧାରର ମହାସାଗରରେ ।
ଅଂଧାରରେ ଆଖି ଖୋଲିବା
ବଂଦ ରଖିବାରେ ବେଶୀ କିଛି
ଫରକ୍ ନଥାଏ
ସମଗ୍ର ଦେହ ଗୋଟେ ଆଖି ହେବାକୁ
ଆକୁଳ ହେଉଥାଏ ।
ସକାଳୁ ସକାଳୁ ଆମେ
ଫେରିବା କଥା
ନିଜ ନିଜର ଚିଡ଼ିଆଖାନାକୁ ।

ସାମାନ୍ୟ ବିଳଂବ ହେଲେ ବି
ଫେରିଲୁ ।
ଆଉ କ'ଣ କେବେ ଆସିହେବ
ଏଠିକୁ,
ତାରିଖର ଘାଟୀ ଡେଇଁ ଡେଇଁ
ବୋଧହୁଏ, ନା-
ତଥାପି ବି ଗୋଟେ ଆଶାରେ
କୋଠରୀର କାଂଥରେ
ଆମର ଉପସ୍ଥିତିକୁ
ସାଂକେତିକ ଭାଷାରେ
ଲେଖି ଆସିଥିଲୁ ।

ତ୍ରାହି

ମତେ ନ ନେଇ
ତୁମେ ଯାଇପାରିବ ନାହିଁ ।
ମୁଁ ଜାଣେ ।

ଆକାଶରେ ମହମହ ମେଘ ଡାକିଲା
ତୁମେ ଗଲନି ।
ନଈର ନିମଂତ୍ରଣ, ବସଂତର ବାଟ ବରଣ
ସ୍ମୃତିରୁ ଜୀବଂତ ମୂର୍ତ୍ତିର ମଂଗଳା ଚରଣ
ସବୁଂକୁ ବାଆଁରେଇ ଦେଲ
କେଉଁ ଚଢ଼େଇ ଡେଣାରୁ
ତୁମ ପାଇଁ ଚିଠିଟେ ଖସିବ ବୋଲି
ସେଇ ଅପେକ୍ଷାରେ ଥିଲ ।

ପୋଷାକ ପିଂଧିଲ, ତୁମ ମନର
ମୁହଁ ଦେଖିଲ ଦର୍ପଣରେ, ତୁମ ହୃଦୟର
ପକେଟ ସଜାଡ଼ିଲ, ଯୋତା ପିଂଧିଲ
ଦୀପକୁ ନିଃଶ୍ୱାସରେ ଲିଭେଇଲ
ରାସ୍ତାକୁ ବି ଓହ୍ଲେଇ ଆସିଲ
ହେଲେ, ଯାଇ କି ପାରିଲ !
କେବଳ ଖୋଜି ହେଲ ନିଜକୁ ନିଜେ
କିଛି ରହିଗଲା କି
ବୀଜ ବର୍ଣ୍ଣ ଯାତ୍ରାପଥର ।

ଯିବ ଯିବ ବୋଲି
ବହୁ ଦିନରୁ ଗଣିବା ଆରଂଭ କରିଥିଲ
ଦୁଧବାଲା, ହକର୍, ଧୋବା
ସମସ୍ତେ ଜାଣିଥିଲେ, ରେସନ ବାକିଠୁ
ବାସୀ ଚିଠିଂକର ଉତ୍ତର
ସବୁ ତୁଟେଇ ସାରିଥିଲ
ସଜନା ଗଛକୁ ଆବୋରିବାକୁ ଆସିଥିବା
ସଁବାଳୁଆଂକୁ ବି
ଯିବ ବୋଲି ଶୁଣାଇ ଦେଇଥିଲ ।
ଆଟାଚି ସଜେଇବା ବେଳଠୁ
କାଂଥର କ୍ୟାଲେଂଡ଼ରର ଫଟୋମାନେ
ତୁମକୁ ଭୁଲି ସାରିଥିଲେ
ଟେବୁଲ ଉପରର ତୁମ ବହି, ଖାତା, ଡାଏରୀ
ଅକ୍ଷର ଶୂନ୍ୟ ହେଇଥିଲେ
ବିଧବାର କୁହ୍ଵକିତ ଯୌବନ ପରି
ଉଦାସୀନତାର ରାଗରେ ଗାଉଥିଲା
କାଂଥରେ ଟଂଗା, ଶକ୍ତିର ନୁହେଁ
ସ୍ମାରକୀର ସୌଖିନ ତରବାରୀ ।

ଥରେ ଯିବା କଥା ଭାବି ଦେଲେ
ନଯାଅ ପଛକେ
ତୁମେ ଚାଲିଗଲଣି ବୋଲି
ତୁମର ଅତୀତ ଓ ପ୍ରିୟ ଆତତାୟୀମାନେ
ଭାବିନେବେ
ତୁମେ ଯେତେ ବେଲ୍ ମାରିଲେ ବି
କେହି କବାଟ ଖୋଲୁ ନଥିବେ ।

ତୁମ ଯିବା ଏତେ ସରଳ ନୁହେଁ
ଯେ, ସୁଇଚ୍ ଟିପିବା ମାତ୍ରେ

ଟର୍ଚ୍ଚର ଆଲୁଅ ଭଳି ତୁମେ ଚାଲିଯିବ
ତୁମେ ତ ଆରଂଭରୁ ଅକର୍ମଣ୍ୟ
ତୁମକୁ ଜଣକୁ ନେବାକୁ ହେବ ।

ମୁଁ ଜାଣେ
ତୁମେ ମତେ ନନେଇ
ଯାଇ ପାରିବନି;
ହେଲେ ମତେ ନ ଡାକିଲେ
ମୋର ଠିକାଛାଡ଼ କେବେ ବି ହେବନି ।

ପ୍ରବାସର ସ୍ୱର

ଯେତେକାଳ ତୁମ ପାଖରେ ଥିଲି
ତୁମକୁ ଅସ୍ୱୀକାର ନୁହଁ କେବଳ
ଅବିଶ୍ୱାସ ମଧ୍ୟ କରୁଥିଲି; ତୁମକୁ
ସତ ନୁହଁ କେବଳ ଛାଇ ବୋଲି ଭାବୁଥିଲି
ବାଢୁଥିଲି ଅକାଟ୍ୟ ପ୍ରମାଣ, ଲଢୁଥିଲି ରଥୀ
ସତ ଅନ୍ୟ କେଉଁଠି, ତୁମେ ଖାଲି
ତା'ର ପ୍ରତୀକ ବୋଲି ଜାଣିଥିଲି ।

ଏବେ ତୁମଠୁ ଦୂରରେ
ଲକ୍ଷେ ଯୋଜନ ନହେଲେ ବି
ଲାଗୁଛି ସେଇ ପାଖରେ ।

ମୋର ଅନୁପସ୍ଥିତି ମୋର ଏଠାକାର
ରାସ୍ତାସବୁକୁ ମାଦଳ କରିଦେଲାଣି
ବହୁଦକ ସନ୍ନ୍ୟାସୀ ଭଳି ଆକାଶରେ ବଉଦ
ମୋ ଆଖି ଉପରେ ଶିଉଳି ଜମିଗଲାଣି
ସ୍ନାୟୁର ସାହାନାଇ ସଂତ୍ରାସ ହେଲାଣି
ରାତ୍ର ପାନ ପାଇଁ ପତ୍ରସବୁ ଧରିଥିବା
କାକରବିଂଦୁ ସବୁକୁ ମତେ ଲୁଚେଇଲେଣି
ତୁମ ବିରହ ମୋର ଦେହକୁ
ଅନଳ କରି ଦେଲାଣି ।

ଛାଇ ସତ ନା
ସତ ଗୋଟେ ଛାଇ ?

ମୋ ଦେହର ରକ୍ତ ପ୍ରବାହରେ ଡଂଗାଟିଏ ବାହି
କେହି ଜଣେ ଖୋଜୁଛି ମତେ, ମୋ ଶବ୍ଦ
ଅରମାରେ ପଶି କେହି ଜଣେ
ଡାକୁଛି ମତେ, କେହି ଜଣେ ମୋ ଚିତ୍ରଖାତାରେ
ନିଜ ରୂପକୁ ଖୋଜୁଛି
ସେ କ'ଣ ତୁମେ ?
ତୁମେ ଯଦି; ମୁଁ କେମିତି ତୁମକୁ
ଦେଖିପାରୁନି, ଶୁଣି ପାରୁନି
ଠଉରେଇ ପାରୁନି ।

ସେ ଯାହା ହେଉ; ତୁମଠୁ ଦୂରରେ ରହି
ପାଇଗଲି; ଯାହା ତୁମେ ରହସ୍ୟ କରି
ଲୁଚେଇ ରଖିଥିଲ ।
ଜାଣିଗଲି; ମୁଁ ବି ସତ ନୁହେଁ
ମୁଁ ଗୋଟେ ଛାଇ ।

ଗଲେ ସବୁ କହିବି;
କୁଆଡ଼େ ବୁଲି ଯାଇନଥିବ
ମୁଁ ଆର ମାସ ସତରରେ
ପୁରୀ ଯିବି ।

ଭଡ଼ାଟିଆ

ଭଡ଼ାକୁ ଘର ମିଳୁନି
ଏଇ ସହରରେ; ଯେଉଁଠି
ଆଗରୁ କେହି ସ୍ଥିତିବାନ ନଥିଲେ
ସମସ୍ତେ ଭଡ଼ାଟିଆ ଥିଲେ ।

ଦୁର୍ଭାଗ୍ୟ ମତେ ପଠେଇଛି ଏଇ ସହରକୁ
ନିଜ ପାଇଁ ଠାବ ଧୁଂଡ଼ିବାକୁ
ପୁରାତନ ପାଉଁଶ ଭିତରୁ ନିଆଁ ଧାପେ ଖୋଜିବାକୁ ।

ସମସ୍ତେ ସଂଦେହ କରଂତି, ଯେମିତି
ସତୀଂକ ନଗ୍ରରେ ମୁଁ ଜଣେ ପେଷାଦାର ପୁରୁଷ ବେଶ୍ୟା
ମୁହଁ ଉପରକୁ କବାଟ ବାଡ଼େଇ ଦିଅଂତି
ମୁଁ ଯେମିତି ଗାତ ଖୋଜୁଥିବା ଏକ ବିଷଧର ସର୍ପ
ନର୍ଦ୍ଦମାରେ ଭାସିଆସିଛି ଅଭାଗା କଂଦର୍ପ ।

ଏକୁଟିଆ, ପୁଣି ହରିତ ବୟସରେ
କିଛି ବି ଦୁର୍ଘଟଣା
ହେଇ ଯାଇପାରେ ।

ଜେଲ୍ ପାଚେରୀ ଉପରେ ମୈଥୁନରେ ରାତ୍ରିଚର ପକ୍ଷୀ
ହସ୍‌ପିଟାଲ ବାରଂଡ଼ାରେ ଜନ୍ମ କରେ ମା'

ରିକ୍ସା ଉପରେ ସଂସାର ଗଢୁଛି ରିକ୍ସାବାଲା
ଠେଲାଗାଡ଼ି ଉପରେ ଭିକାରୀ ପିଲା
ସବୁ ଦେଖେ, କେହି ଏକୁଟିଆ ନାହାଂତି
ରାସ୍ତା, ଗଛ, ଲାଇଟ୍‌ପୋଷ୍ଟ, କେବଲ୍, ସମସ୍ତେ
କଥା ହେଉଥାଂତି; ବୁଲୁଚି ଦିନରାତି
ଦେହସାରା ଠିକଣା ଫୋନ୍ ନଂବର ଟିପି
ସହରକୁ ବାର ବାର ଉଲଗ୍ନ କରୁଛି ।
କେତେକେତେ କୋଳ ଖାଲି ପଡ଼ିଛି
ଭଡ଼ା ଦେଇଦେଲେ, ଘର
ମିଳିଯାଏନି ଏଠି ।

କାଳେ ମୋ ନାଁରେ ଅପବାଦ ଅଛି
ଯେ ମୋ ଆଗରୁ ଏଠି ପହଂଚିଯାଇଛି
ଘର ମିଳିଲେ ଆଉ ବାହାରିବିନି
ଖାଲି କବିତା ଲେଖିବି
ସତରେ, କବିକୁ ବହୁ ଜାଗା ବାରଣ ଅଛି ।

ଧର୍ମଶାଳା, କବରଖାନା, ଜରାନିବାସ, ଅନାଥାଶ୍ରମ
କେଉଁଠି ଆଶ୍ରୟ ମିଳିନି
କିଂତୁ ମୁଁ ତ ଏ ସହରକୁ
ଛାଡ଼ି ଯାଇ ପାରିବିନି !
ଯିବି ଯେ ଯିବି; ତା' ପୂର୍ବରୁ
ସବୁ ଘର ମାଲିକଂକୁ ଭଡ଼ାଟିଆ କରି ସାରିଥିବି ।

ମିତ୍ରଘ୍ନ

ତୁମକୁ ଚିହ୍ନିବା ଆଉ
ବେଶି ଲୋଡ଼ା ନାଇଁ ମୋର
ବହୁ ଦେଖିଲି, ୪୨ରେ ୬୨ରେ
ଏବେ ୯୮ରେ ।

ଗୀତ ଗପରେ ଲଟେଇ ଯାଉଥିବ
ମୁଁ ଶୁଣୁଥିବି ବିଶ୍ୱାସରେ
ବାଘ ଦେଖିଲେ ଠେଲି ଚାଲିଯିବ ।

ପୁଣି ବାଟ ଚାଲିବାକୁ ତୁମକୁ ଡାକିବି
କାଳେ ହୁଏତ ବଦଳି ଯାଇଥିବ ।

ଆମେ ଏକା ପାଣି ପବନ ଖାଉଛେ
ଏକା ଫୁଲ ଶୁଂଘୁଛେ
ଏକା ସୂର୍ଯ୍ୟୋଦୟ ଦେଖୁଛେ
ଅଥଚ ଏକା କାହିଁକି ହୋଇପାରୁନେ
ଆମେ ଏକା ନୁହେଁ ବୋଲି
ଗୋଟେ ଦୁଃଖକୁ କାହିଁକି ପରୀକ୍ଷା କରିବାକୁ
ଅପେକ୍ଷା କରିଛେ ।

ମୁଁ ଜାଣିଛି
ତୁମ ଝରକା କେଉଁ ପଟକୁ

ମୁଁ ଶୁଣିଛି
ତୁମେ ଏକୁଟିଆ ଥିଲାବେଳେ
କି' ଭାଷାରେ ଗୀତ ଗାଅ
କେଉଁଠି ବର୍ଷା ହେଲେ
ତୁମେ ଏଠି ଛତା ଖୋଲ
ମୁଁ ବୁଝିଛି
କେଉଁ ଭଂଡ଼ ବାବା ହାତରେ
ତୁମ ରିମୋଟ୍ କଂଟ୍ରୋଲ୍ ।

ଯେଉଁ ମାଟିରେ ଗଢ଼ା ତୁମ ଦେହ
ସେ ମାଟି ତଳେ କାହିଁକି
ବିଛାଉଛ ଲ୍ୟାଂଡ୍ ମାଇନ୍
ମୁଁ ବୁଝିପାରୁନି ।

କେତେ କେତେ କିଏ ନ ବଦଳୁଛି
ରତ୍ନାକର ତ ପୁଣି ବାଲ୍ମିକୀ ହୋଇଛି
ଥରେ ଅବାଟରେ ବୋଲି
କ'ଣ ବାଟ ଦେଖିବି ଲାଜ କରୁଛ ?
ଆମକୁ ଫସେଇବା
ଫିକରରେ ଅଛ ।

ଏ ଶେଷଥର । ଲାଷ୍ଟ ଚାନ୍ସ ।
ବଦଳିବ ତ ବଦଳ;
ନ ହେଲେ; ସାଂଗକୁ ସାଂଗ
ଶତ୍ରୁକୁ ଶତ୍ରୁ
ଆମେ ଜାଣୁ
ପରୀକ୍ଷା କରିପାର ।

ସବୁ ବଂଦରରେ ସ୍ୱାଗତଂ

ଆସ
ପୌରୁଷର ମୁକ୍ତବାସ !
ମତେ ଧର୍ଷଣ କର
ମାଟି ମୋ ଉର୍ବର ।

ମୋର ସ୍ୱାମୀ ଅଛି
ଜାଂଗଲିକ ଯୌବନର ସାକ୍ଷୀଟିଏ ହୋଇ
ଭାଗ୍ୟକୁ ଜୁଟିନି ବୀଜ ବିକ୍ଷେପର ମଧୁବେଳ
ମୋ କୋଳ ଐଶ୍ୱର୍ଯ୍ୟ ଅପେକ୍ଷାରେ
ଶୂନ୍ୟ କୋଠିଘର
ମତେ ଦଂଶି ଚାଲିଛି ପରପୁରୁଷର ଛାଇ
ତୁମେ ଚରମାନଂଦର ଶୀର୍ଷ ଯୋଗ ମୋର ।

କି ପାଇଁ ଉଛୁର ?

ମୋ ପୋଡ଼ା ବଗିଚାକୁ ପାପୁଲିରେ
ଥରେ ଆଉଁସି ଦେଲେ
ସବୁ ଋତୁ ମୋ ପାଇଁ ବସଂତ
ତୁମେ ଆସିବାକୁ ଥିବା ଘୋଡ଼ା ଖୁରାର ଧୂଳିରେ
ମୁଁ ଦେଖିପାରୁଛି ମୋର ଫଳ, ଫୁଲ, ପତ୍ର

ମୋ ଆଖିର ଢେଉରେ
ନାଚି ନାଚି ଆସୁଛି ଅତୀତରୁ
ଭବିଷ୍ୟତକୁ
ଗୀତ ଓ ଗପର ଗୋଟେ ଭରା ବୋଇତ ।

ତୁମେ ଆସିବ ବୋଲି
ଲଂଠନ ଲଗେଇ, ଖୋଲା ରଖିଛି ଦ୍ୱାର
ପାଣି ଢାଳ ଧରି ଅପେକ୍ଷା କରିଛି
ଯେଉଁଦିନ ପହଂଚିବ ତୁମେ
ସେଇ ଦିନ ହିଁ ମାଣବସା ଗୁରୁବାର ।

ତୁମେ ସତରେ ଆସିବା ପୂର୍ବରୁ
କେବେ କାଉ ହୋଇ ଆଂଟିନା ଉପରେ
କେବେ 'ଥ୍ୟାଂକ୍ ୟୁ' କାର୍ଡ଼ ହୋଇ
ଚିଠି ଭିତରେ
ଆସିବାର ବାସ୍ନା ଦେଉଛ;
ତୁମ ଅଭିସାରର ଅଭିଷେକରେ
ତୁମକୁ ରଂଜା କରି ଡଂକେଇ ଯିବାକୁ
ପିଢ଼ାରୁ ପିଢ଼ାକୁ
ମୋର ଘରର ସମଗ୍ର ଛାତକୁ ।
ମତେ ଖୋଳିଲେ, ହୀରା
ମତେ ନଚେଇଲେ, ନଈ
ମତେ ବଂଧେଇଲେ, ବନ୍ୟା
ମତେ ଶୁଆଇଦେଲେ, ଆକାଶ
ଏତେ ଏତେ ସବୁଜ ସଂଭାବନାରେ
ବି ମୁଁ ଦାରିଦ୍ର୍ୟର ଦେବତାର ମଂଦିର ବାହାରେ
ଭିକାରୁଣିଟିଏ ପରି
ଅଖା ପାରି ବସିଥାଇ ।

ଘରର ପ୍ରତ୍ୟେକ ପାର୍ଶ୍ୱକୁ
ଗେଟ୍ ବୋଲି ଭାବିପାର
ସବୁ ଦିଗ ଖୋଲା;
ଦେହ ତ ସମୁଦ୍ର ବାଲି
ଖୋଲି ଦେବ ତୁମର ପସରା ।

ମୋ ସତୀତ୍ୱର ଶପଥ ନେଇ
କହୁଛି, ଆସ
ତୁମକୁ ଲୁଂଠନ କରିବାକୁ ଦେବି
ମୋ ଶରୀର, ଗୁପ୍ତ ଘର
ମୋ ଗାଁ, ଦେଶ, ପ୍ରଦେଶ
ମୋର ପ୍ରାର୍ଥନାକୁ କରିଦିଅ
ତୁମର ଆଦେଶ ।

ତୁମ ଆଗମନୀ ସଂବାଦକୁ
କଳ୍ପନାରେ ମୂର୍ତ୍ତି ରୂପ ଦେଇ
ଉଲ୍ଲସୁଚି, ଏବେଠୁ ଏମିତି
ଆଗକୁ ତ ଅଛି;
ଡଂକେଇବାର କାଳ
ଧ୍ୱନିମୟ କରିଦିଅ ତୁମ ପାଦ ଶବ୍ଦରେ
ମୋର ଅର୍ଦ୍ଧିତ ଅକ୍ଷର ।

ମାୟାର୍ଣ୍ଣବ

ଯେତିକି ସମୟ ପହଁରିପାରିବ
ସେତିକି ସମୟ ହିଁ ବଂଚିରହିବ
ପହଁରିବା ବଂଦ କଲେ
ଛାଏଁ ନିଃଶ୍ୱାସ ବଂଦ ହେଇଯିବ
କୁହ
କିଏ କ'ଣ ଏମିତିକା ସମୁଦ୍ର ଇଚ୍ଛିବ ?

ମୋର ଭାଗ୍ୟକୁ ଦେଖ,
ଇଚ୍ଛା ଥିଲା ହେବାକୁ ଜଣେ ରୋମାଂଟିକ୍ ଯୋଗୀ
ବୁଲି ବୁଲି ବସଂତର ବନସ୍ତରେ
ଶ୍ମଶାନରେ ବି ସୌଂଦର୍ଯ୍ୟ ଦେଖୁଥିବି;
ଧାଇଁଲି ସ୍ୱର୍ଣ୍ଣ ମୃଗ ଦିଶାରେ
ଏବେ ଏ ଦଶାରେ ।

ହାତ, ପାଦ ଚଳୁଥିବା ଯାଏଁ
ଦର୍ଶନ ପାଇଁ ଆସୁଥିବେ ଠାକୁର
ଓଠ ସ୍ନାୟୁସବଳ ଥିବାଯାଏଁ
ଶବ୍ଦ ବୋଲ ମାନୁଥିବ, ସ୍ୱାମୀ କୋଳରୁ
ସତୀଂକୁ ଉଠେଇ ଆଣି ପାରୁଥିବି
ଯେତେ ଯାଏଁ କଂଟି ଉପରେ ହାତ ଥିବ
ବିଲ ମୋର ହେଇ ରହିଥିବ ।

ଦିନେ ପ୍ରାତଃ ଭ୍ରମଣ ବନ୍ଦ କରି
କାକରିଆ ନିଦରେ ଶୋଇଗଲେ
ଅଶ୍ଳୀଳ ଶ୍ରଦ୍ଧାଂଜଳି ବାହାରିଯିବ
ଖବର କାଗଜରେ; ଶୋକବାର୍ତ୍ତା
ପହଂଚିଯିବ, ଫୁଲମାଳ
ଶତ୍ରୁମାନଂକ ଜୟ ଜୟକାର ।

ମୁଁ ଅଛି, ବୋଲି
ମୁହୂର୍ତ୍ତକୁ ମୁହୂର୍ତ୍ତ ଘୋଷଣା
କରିବାକୁ ପଡୁଛି ।
ପହଁରିବାକୁ ଯିବା ପୂର୍ବରୁ
ଏମିତି ସର୍ତ୍ତ ନଥିଲା; ମୁଁ
ଆସିପାରୁଥିବି, ଯେତେବେଳେ ଚାହିଁବି
ସେତେବେଳେ;
ଅବଶ୍ୟ ଓଦା ଦେହରେ ।
କିଂତୁ ମୁଁ କ'ଣ ଜାଣିଥିଲି
ଏତେ ଶୀଘ୍ର, ପାଣିରେ
ମୁଁ ମାଛ ହେଇଯିବି ବୋଲି ।

ସେଇ ଛୋଟ କଥା

ମୁଁ ଭାବୁଥିବି, ତୁମେ ଭୁଲି ଯାଇଥିବ
ତୁମେ ଭାବୁଥିବ, ମୁଁ ଭାବୁ ନଥିବି
ଏତେ ବର୍ଷର ନୀରବ ଯୁଦ୍ଧ ପରେ
ସେଇ ଛୋଟ କଥା:
କ'ଣ କା'ର ମନେ ରହିଥିବ ?

ବହୁ ବର୍ଷ ତଳେ, ତୁମେ ପହଂଚିଥିଲ
ମୋ ମୁହାଣ ମୁହଁକୁ, ଘୋର ବର୍ଷାରେ
ବାତ୍ୟାରେ ଥରି ଥରି କାଗଜ ଡଂଗାରେ
ମୁଁ ସେତେବେଳେ ଗୋଟେ ପତିତ ତାରାଠୁ
ଗୀତ ଶୁଣି, ମାଂକଡ଼ ଭଳି ଡେଉଁଥିଲି
ସଜନା ଗଛର ଡାଳର ଡାଳକୁ
ଟିକେ ଅଂଧାରରୁ ଟିକେ ଆଲୁଅକୁ ।

ବାକ୍ସ ଖୋଲି ଦେଇଥିଲି, ଭାବୁଥିଲି
କିଏ ଆସଂତାକି !
ଏ ନିଃସଂଗତାର ଭାବ ସମୁଦ୍ରକୁ
ତାକୁ ଦେଇ ଦିଅଂତି ସବୁ କିଛି
ଏମିତି ମନ
ମୁଁ ଜୀବନରେ କ୍ୱଚିତ ଦେଖିଛି ।

ତୁମେ ଥରୁଥିଲ
ବୋଧହୁଏ ବାଟରେ ଡରି ଯାଇଥିଲ
ଶୁଖିଲା ଜିଭରେ ତୁମେ ଶବ୍ଦ ନୁହଁ
କେବଳ ସ୍ୱର କଲ; ସ୍ୱରରୁ ଶବ୍ଦ ଠଉରେଇବା
ମୋ ପାଇଁ ପିଲା ଖେଳ ।

ତୁମେ ମାଗିଲ କିଛି
ମୁଁ ଦେଲି, ସେତିକି ନ ହେଲେ ବି
ବେଶୀ କିଛି ।

ତା'ପରେ ଲୁଚକାଳି ଖେଳ, ଆଜିକାଲି
ପ୍ରେତ ପରି ବୁଲିଲ ବାହାନାଂକ ବାହନରେ
ପବନ ହେଇଗଲ, ଅଂଧାର ହେଇଗଲ
ମୋର ପରାଜୟ ପାଇଁ
ରଚିଲ ଏକ ଅଭିନବ ସମର ।

ଶେଷରେ, ଚାଲିଗଲ ଯେ ଚାଲିଗଲ
ବାଣ ଫୁଟେଇ, ରୋଷଣି ଜାଳି
ଅବଶ୍ୟ ମତେ ଅଚିହ୍ନା ଲୋକ ହାତରେ ଖବର କରିଥିଲ ।

ବହୁ ବର୍ଷ ପରେ;
ଏବେ ଦେଖା:
କୋଳାକୋଳି, ଚୁମା ଦିଆ ନିଆରେ
ସବୁ ଲାଗେ ନୂଆ ନୂଆ
ହେଲେ, ମଝିରେ ରହିଯାଇଛି
ସେଇ ଛୋଟ କଥା ।

କଳିଯୁଗ

ସମସ୍ତେ ଥିଲେ ସେପଟେ ।

ଆମ ଦୁଇ ଘର କେବଳ
ଏକ ଘରକିଆ ହେଇ ରହିଥିଲୁ
ବାଂଧି ହେଇଥିଲୁ ଏକ
ପ୍ରୀତିର ପାଳ ଦଉଡ଼ିରେ
ଗୋଟିଏ ନିଆଁରେ
ଗୋଟିଏ ପାଣିରେ ।

ଝିଅ ବ୍ରାହ୍ମଣ ଘରର
ପୁଅ ଖଂଡାୟତ କୁଳର ।
ପ୍ରେମ ଯଦି ଷ୍ଟକ୍ ମାର୍କେଟ୍‌ର ସେୟାର୍
ହେଇଥାଂତା ! କଥା ଅଲଗା ।
ଏ ତ କବିତା ଉପରକୁ ଶବ୍ଦ ପଡ଼ିବା
ଆପେ ଆପେ ଓଳିଆରୁ ପଡ଼ି
ମାଟି ଛୁଇଁବା ପୂର୍ବରୁ
ଗଜା ହେବା କଥା ।

ଦୁଇଟି ନଈ ବଢ଼ିକରି ଯେମିତି
ମିଶଂତି, ଦି ଜଂଗଲର ନିଆଁ
ଯେମିତି ଡିଅଁତି, ସେମିତି
ବାସନାରେ ତରଳ, କଳକଳ
ଆମ ପ୍ରେମରେ ଜୀଅଁତା ଆସିଥିଲେ
ସ୍ୱୟଂ ଠାକୁର, ସମସ୍ତଂକର
ତାରା, ନକ୍ଷତ୍ର, ସଂଦିଗ୍ଧ ଅଂଧାର
ସାକ୍ଷୀ ତା'ର ।

ତୁମେ ଆସିଥିଲ ଦୀପଟିଏ ହୋଇ
ମଶାଣିକୁ, ମୁଁ ଶବଟିଏ ହୋଇ
ତୁମେ ଆସିଥିଲ ଫୁଲେଇ ଫୁଲମାଳ ପରି
ସହିଦ୍‌ର କଫିନ୍ ଉପରକୁ
ତୁମେ ଦାରୁର ଦେହରେ ପ୍ରଥମ ଚମକ
ତୁମେ ଫଟା ଭୂଇଁରେ ପ୍ରଥମ ଟୋପା ।

ନିଶାପ ହେଲା, ଲଂଠନକୁ ମଝି କରି
ସମସ୍ତେ ବସିଲେ, ଅତୀତ ଓ ଭବିଷ୍ୟତ
ଦୁଇପଟୁ ଆସିଗଲେ;
ଘୋଷଣା ହେଲା ଦଂଡ଼ ଜରିମନା
କାଲେ ପ୍ରଳୟ ଆସିଯିବ
ସରିଯିବ ଶିଘ୍ର କଳିଯୁଗ;
ଦେଖ ! ଏକବିଂଶ ଶତାବ୍ଦୀରେ
ପ୍ରେମିକର ଭାଗ୍ୟ !
ତୁମ ନିଆଁ, ତୁମର
ତୁମ ପାଣି, ତୁମର
ଆମେ ଶୂନ୍ୟରୁ ରଚିପାରିବୁ
ସଂସାର ଆମର ।

ଆମେ କେବଳ ଦୁଇ ଘର
ଏକ ଘର ହେଇଗଲୁ;
ଅବଶ୍ୟ ଆସିଲା ପ୍ରଳୟ
ସରିଗଲା ଶୀଘ୍ର କଳିଯୁଗ
ଆମେ ଦୁହେଁ ବଟପତ୍ର ଉପରେ
ସ୍ଥିର ହେଇ ରହିଗଲୁ
ସମସ୍ତେ ଭାସିଯାଉଛଂତି, ଦେଖିଲୁ
ବୁଡ଼ି ଯାଉଛଂତି ଜଳରେ ।

ଡାକବାକ୍ସ

ବହୁଶଯ୍ୟା ନା ବାସକସଜ୍ଜା ?
କାହା ଅପେକ୍ଷାରେ ? ମୃତ ଲାଲ୍ କଂକି ଭଳି
ରାସ୍ତା କଡ଼ରେ ଅଥଚ ପରିଧି ପରେ ।

ପବନ ବି ମୂକ ଭଳି ଗୁପ୍ତ ରଖି ଦେଉଛି କଥା
କାଂଥକୁ କ'ଣ କହିବା-
ମାଂକଡ଼ଟିଏ ବାକ୍ସ ଭିତରେ ପଶିଲେ
ମଣିଷ ହୋଇ ବାହାରୁଛି; ଏମିତି ଅପେକ୍ଷା
ମହୁ ଫେଣାକୁ ଫୋପାଡ଼ିଥିବା ବୋଲୁଅ
ଋଟି ନେଉଛି ମହୁ; କୁହ ଲାଲପରୀ !
କେଉଁଠୁ ଆସିଛ ? କେଉଁ କେଉଁ ତାରାକଂର
ଆଲୁଅ ପହଁରି ପହଁରି ।
ମୁଂଡ଼ରେ ଦୁଇଟି ପାଦ ଗଜୁରୁଛି
ତ' କ'ଣ ମାଟିପାଦ ଘୁଂଚେଇ ହେଉଛି ?
ମୋ ଅନ୍ୱେଷାର ନାମ, ଗ୍ରାମ, ପ୍ରଗଣା
କ'ଣ ଯାଇଛି ବଦଳି ? ଆଂଜୁଳାରେ ଏତେ ଛିଦ୍ର !
ଉଦ୍ୟାନ ରକ୍ଷକ ପାଇଁ ନିଦ ବର ମାଗି
ତୋଳିଥିବା ସବୁତକ ଫୁଲଂକ ମଂଜି
ଯାଉଛି ବାହାରି ।

ଦେଖ !
ଗୋଟେ ଛିଂଡ଼ା ଗୁଡ଼ି, ପାଗଳର ନୋଟ୍ ଖାତା

ପଶିଗଲା ତୁମ ଭିତରେ । ତା'ର ଠିକଣା ?
ରାକ୍ଷୀ ଲଫାପାରେ ପଶିଛି ନୀଳ ବୋମା
ଫୁଟିବ କୋଉଁଠି ? ଏତେ ଏତେ ଦରଖାସ୍ତ,
ଶୁଭେଚ୍ଛା ଓ ଅନ୍ତ୍ୟେଷ୍ଟି ବାର୍ତ୍ତା କେଉଁଠିକୁ ?
ରାତି ଅଧରେ ହଲେ ଦାଦନ ଦଂପତି
ତୁମ ଭିତରେ ପଶି କ'ଣ କରଂତି !

ତୁମ ଭିତରେ ସବୁ ଉଦ୍ଭାନ୍, ଠିକଣା ବିହୀନ
ବିଂଦୁ, ସିଂଧୁ, ଭବ, ଭୈରବ ଓ ମହାଶୂନ୍ୟାଦି ।

ଭିତରେ କେତେ ଉଜିଆଁ ଦୃଶ୍ୟ, ଦେବତାଂକର
ଛେପ ପକେଇବା ଦୂରତା ଭିତରେ ଯେତେ ସବୁ ମୁହଁ
ସମସ୍ତେତ ଭୁଲ ଠିକଣାରେ
ମୁଁ ଜାଣିଛି; ସମସ୍ତେ ମିଳିଯିବେ ମୋ ମାର୍ଫତ୍
ହେଲେ ଏଠି କହିବି କାହାକୁ, କୁହତ !

ଯେଉଁଠି ପ୍ରଥମ ଚିଠି; ଶେଷ ବି ସେଇଠି
ପ୍ରସାରିତ ହୋଇଯିବାକୁ ବଂଧନୀଟିଏ;
ଚିଠି ସିନା ପକାଯାଏ
ଭାଗ୍ୟ ସବୁ ବାଂଟି ଚାଲିଥାଏ ।
କେହି ପକାଂତିନି ଚିଠି ତୁମଠାରେ ।
ସତରେ ସମସ୍ତେ ଏଠି ମିଛ ମାୟାରେ !
ତେଣୁ ପେଚାଟିଏ ବସିପାରେ ତୁମ ଉପରେ
ରାତିକୁ ଶୁଣାଇପାରେ ଦି'ପଦ ରମାକାଂତ ରଥ;
ବେକାରଟେ କୁଂଢ଼ାଇ ପାରେ
ତୁମକୁ ଗରୁଡ଼ ଖୁଂବ ଭାବି;
ତୁମେ କେଉଁ ଚିତ୍ରଧ୍ୟାନରେ ?
ତୁମେ କେଉଁ ଅମୂର୍ତ୍ତ ମର୍ତରେ ?

ଆଃ ଆଜି ମନଟା ଆକାଶ ଆକାଶ
ରେଫ୍ରିଜରେଟରରେ ପାର୍ସଲ କରିବାକୁ ହେବ
ଏସ୍କିମୋ ବଂଧୁ ନିକଟକୁ; ଏହିପରି
ବହୁକାମ କରିବାକୁ ହେବ ।
ବଡ଼ ଧୂମାଳକୁ ମୋ ଉହ୍ୟକାଳ ଭାବିବାକୁ
ଇଚ୍ଛା ହେଉଛି; ମନ ଚାହୁଁଛି ଅଜ୍ଞାନ ଅଂଧାର ଚାଖିବାକୁ
ଯେଣୁ ସବୁ ଆଜି ଆକାଶ ଆକାଶ;
ମୁଁ ଜାଣେ ତୁମେ ନିରବତାର ଦୀର୍ଘତମ ବାକ୍ୟ
ତଥାପି ପଚାରି ଦେବିକି
କେବେ ? କେବେ ?
ନେକ୍‌ସଟ୍ କ୍ଲିୟରାନ୍‌ସ୍ ।

ପ୍ରେମ ପ୍ରବାସେ

ତୁମେ ସେଠି ନଥିଲ
ଯେଉଁଠି ତୁମେ ପହଂଚିଯିବ ବୋଲି
ଦେହ ଛୁଇଁ କଥା ଦେଇଥିଲ ।

ତୁମର ଅପ୍ରତ୍ୟାଶିତ ଅନୁପସ୍ଥିତି
ଓହଳ ଲଂବେଇ, ମତେ ବାଂଧୁଥିଲା
ଉଚ୍ଚତମ ଶାଖାରେ ଅଚିହ୍ନା ଚଢ଼େଇ
ମୋ ଉପରକୁ ଅବୋଧ ଶବ୍ଦ ଫିଂଗୁଥିଲା
ମୁଁ ଧରା ପଡୁଥିଲି ନିଜର ନଗ୍ନ ଇଚ୍ଛା ପାଖରେ
ଯାହା କେବେ ବି ପୂରଣ ହେବାର ନଥିଲା ।

ପବନରେ ଏ କି ଗଂଧ ! ତାରାର ଅଂଗାର
କେତେ କେତେ ଆଲୋକ ବର୍ଷ ଦୂରର
ଦୁର୍ଘଟଣା, ଆଜି ହେଉଛି ମୋ ନିଜର ।

କକ୍ଷ ଭୁଲି ବାୟୁମଂଡ଼ଳରେ ପଶିଥିବା
ଉଲ୍‌କା ପରି ମୁଁ ଅସ୍ଥିର, ଆକାଶକୁ
ଚାହୁଁଥିଲି କାଳେ ମୋ ବଉଦ ଆସିଯିବ
ମୋ ମୁଂଡ଼ ଓଦା କରିବାକୁ, ମରୁଭୂମିର ଶୋଷ ସ୍ୱପ୍ନର
ଓଟ କୁଜ ପାଖକୁ ଯିବାକୁ ।

ବିଷଧର ସାପର ଫଣା ତଳେ
ଖରାବେଳ, ଋତୁସ୍ନାତା ନାରୀର ଗର୍ଭରେ
ସଂକ୍ରମିଯିବାର ମଧୁର କାଳ; ଆଢ଼େଇ ଦେଇ
ବିକ୍ଷାକ୍ତ ଏଂଟୁଡ଼ିଶାଳକୁ
ଆଶ୍ରୟ ନେଉଛି ଯେଉଁଠି
ସେଠି ମୋର ବିଫଳତାର ବିପଣି ବସିଛି ।
ଡାକୁଛି ରାସ୍ତାକଡ଼ର ଡାକବାକ୍ସ, ମୋହିନୀ ମୁଦ୍ରାରେ
ଡାକୁଛି ଅରଣ୍ୟର ଚିତ୍ରିତ ଅଂଧାର, ଆସକ୍ତ ସ୍ୱରରେ
ସଂଖୋଳିଛି ରେସ୍ କୋର୍ସର ଘୋଡ଼ା ମଥାର ଝାଳ ବିଂଦୁରେ
ଝିଲ୍‌ମିଲ୍ ଇଂଦ୍ରଧନୁ, ସବୁକୁ ନା' କହିଛି
ତୁମ କଥାକୁ ଗଂଠିଧନ କରି
ପଥକୁ ଅତିକ୍ରମିଛି ।

କ୍ଷୀର ଢୋକୁଥିବା ଧାନଗଛ ପରି
ଆକାଶକୁ ଅନେଇଛି
ଟିକେ ନୀଳ କାମନା କରୁଛି ।

ତୁମେ ଆସିଥାଂତ, ମୋ ଦେହ ଛୁଇଁଥାଂତ
ମୋ ଦେହର ବଂଦୀଗୃହରେ ଆବଦ୍ଧ କାମିନୀମାନଂକୁ
ମୁକ୍ତି ଦେଇଥାଂତ
ମୋ ମଥାନରୁ ମୋ ବିଜୟର ପତାକା ଉଡ଼ାଇ
ମତେ ଖୁଂବ ଭଳି
ମୋ ଭାଗ୍ୟରେ ରଖି ଯାଇଥାଂତ ।

ଧମନୀରେ ପ୍ରବାହିତ ଧୂସର ଧୂମାଳ
ଶିରା ପ୍ରଶିରାରେ ପ୍ରବାହିତ ମହାକାଶୀୟ ଝଡ଼
ବର୍ଷ ବର୍ଷର ଜଳବାୟୁ ପୀଡ଼ିତ ମଂଜିଟିଏ ପରି
ମୁଁ ପଡ଼ିଛି, ନା ସରି ପାରୁଛି

ନା ମୁକୁଳି ପାରୁଛି
କାଂଧର ଗାମୁଛା ବେକରେ ବାଂଧୁଛି ।

ମୋ ବିଫଳତାର ତେତ୍ରିଶ କୋଟି ଦୀର୍ଘଶ୍ୱାସ
ମୂର୍ତ୍ତି ହୋଇ ମୋ ଚଉରି ପାଖେ, ଭୟରେ
ନିଜର କ୍ରୋଧକୁ ଅର୍ପଣ କରି
ସେମାନଂକୁ ଦେବତା କରିଛି ।

ତୁମେ ଆସିବ ନିଶ୍ଚୟ
ନ ହେଲେ ମୋ ଆଖି କାହିଁକି ଡେଉଁଛି
ହାତରୁ ତୁମ ପାଇଁ ଗୁଂଥା ଫୁଲମାଳ
ବାରବାର କାହିଁକି ଖସୁଛି, କାହିଁକି ମୋ ଜୀବଶ୍ୱାସ
ତଂଟି ପାଖରେ ଅଟକି ତୁମକୁ ଖୋଜୁଛି
ତୁମର ନିଶ୍ଚୟ ଆସିବାର ଅଛି ।

ତୁମେ ଆସ, ନ ଆସ
ମୋର ଅପେକ୍ଷା କରିବା କଥା
କରୁଛି ।

ଶେଷ ଚିତ୍ର

କେତେ କେତେ ଚିତ୍ର ଆଂକିଛି ଜୀବନରେ
ଚଢ଼େଇ, ଗଛ, ଆକାଶ, ନାରୀ, ଠାକୁର
ସ୍ୱର୍ଗ, ନର୍କ, ଖ୍ରୀଷ୍ଟ, ଲାଡ଼େନ୍, ଇଂଦ୍ରିୟ ଓ ଇଂଦ୍ରଧନୁ
କେହି ରହିନାହାଂତି କାନ୍‌ଭାସରେ ।

କାମିନୀ ଆଂକିଛି, ସେ ମତେ
କାମ କେଦାରରେ ଛଂଦୁରେଇଛି
ଚଢ଼େଇ ଆଂକିଛି, ସେ ଫୁର୍‌କିନା
ଉଡ଼ିଯାଇଛି ଦିଗ୍‌ବଳୟ ପାରି
ଯେତେ ନକ୍ଷତ୍ର ଆଂକିଛି
ସେସବୁ ଆକାଶରେ, ଯେତେ ନାଉରୀ
ସମସ୍ତେ ଅଫେରା ଡଂଗାରେ ।

ରୂପ ଆଉ ରଂଗ ଦେଲା ପରେ
କାନ୍‌ଭାସ୍ ଶୂନ୍ୟ; କେବଳ ସୃଜନ ସ୍ୱପ୍ନ
ଛାତିର ତାତିକୁ ଆଂକି ଆଂକି
ଆଜି ଏତେ ଜମେଇଛି
ସମୁଦ୍ର, ଫୁଲ, ଲୋଭ, ବୈରାଗ୍ୟ
ଏସବୁ ମୋ ହାତ ଅଂକା ଫଳ
କିଂତୁ ମୁଁ କାନ୍‌ଭାସ୍ ଧରି ରାସ୍ତା କଡ଼ରେ
ତୃଷାର୍ତ୍ତ ଚିର କାଂଗାଳ ।

ମୁଁ ପାଇନି ନୁହେଁ
ମୁକୁଟ ମତେ ଗିଳିଛି
ଅସୁର ଆଂକି ତା'ର ଶିକାର ହୋଇଛି
ଯମୁନା ସୃଜି ଷୋଳସସ୍ର ଗୋପୀଂକୁ ପାଇଛି
ରକ୍ତ ନଈ, ଐଶ୍ୱର୍ଯ୍ୟର ଐରାବତ
ପାଇଛି ପାଣି, ମାଟି, ପବନ, ଅନଳ
ପାଲଟିଛି କାଳର ଢେଉରେ ଢଳ ଢଳ
ଗୋଟେ କ୍ଳାଂତ କଳା କମଳ ।

ଆଂକି ଚାଲିଛି କଛ କଛ ଧରି
ମହାଭାରତ, ରାମାୟଣ, ଜୀବନ, ନିର୍ବାଣ
ହେଲେ ଏଯାଏଁ ଆଂକି ପାରିନି
ମୋ ଚିତ୍ର, ମୋ ରୂପର ଆକାର
ଆଂକିପାରିଲେ, ଶେଷ ହୁଅଂତା
ମୋ ଚିତ୍ର ଅଂକା ଖେଳ ।

ଅପେକ୍ଷାରେ ଆଉ କେତେ କାଳ !
ମୋ ଚିତ୍ର ମୋ ସାମ୍ନାରେ ଉଭା ହେଲେ
ମୁଁ ଚାଲିଯାଆଂତି କାନ୍‌ଭାସ୍‌କୁ
ମୁକ୍ତି ପାଇଯାଂତି
ଚିତ୍ର ମୋର ମୁକୁଳି ଆସଂତା ପଦାକୁ
ଏମିତି ଚାଲିଥାଂତା କାଳ କାଳ
ନିଜ ସହ ନିରଂତର ଖେଳ
ମୋ ହାତ ଅଂକା ଚିତ୍ରସବୁ
ଚାହିଁଥାଂତେ; ଆଶ୍ଚର୍ଯ୍ୟ ବିକଳ ।

ପ୍ରିୟ ସଖା

ଖୋଜା ଚାଲୁ ନିରଂତର
ପ୍ରେମରେ, ପ୍ରତାରଣାରେ, ମୁକୁଟରେ, ମରୁଡ଼ିରେ
ଅଂତରୀକ୍ଷରେ, ଅତଳ ତଳେ
ଖୋଜା ଚାଲୁ, ଅସଂରକ୍ଷିତ ପ୍ରତ୍ନତାତ୍ତ୍ୱିକ କୀର୍ତ୍ତି
ସମୟର ସରାଇଘର, ଧ୍ୱନି ମଂଡ଼ଳ
କେଉଁଠି ମିଳିଯିବ ଦେଖା;
ପ୍ରିୟ ସଖା ।

ବାଟୋଇ, ଝରଣା, ଉଲ୍‌କା, ଶୁଖିଲା ପତ୍ର
ସମସ୍ତଂକୁ ପଚାରେ, ଯେଉଁ ବରଗଛ ଫଟା କାଂଥରେ
ବିପଦପୂର୍ଣ୍ଣ ଜୀବନ ଜୀଉଁଛି
ଯେଉଁ ବାଛୁରୀର ମା' ବାଘ ପେଟକୁ
ଚାଲିଯାଇଛି; ପଚାରେ
ସ୍ମୃତିବାନ ସ୍ୱପ୍ନଂକୁ, ଭସା ବାଦଲକୁ
ଓଟ ଦୌଡ଼ ପାଇଁ ବୁହା ହୋଇ ଯାଉଥିବା ଶିଶୁ
ସୀମାଂତରୁ ଘରକୁ ଆସିଥିବା ଟେଲିଗ୍ରାମ୍
କେଉଁଠି ନା କେଉଁଠି ସେ ଅଛି
ଦେଖା କରିବ ବୋଲି ହିଁ ଲୁଚି ରହିଛି ।

ମଣିଷର ଭାଗ୍ୟ ଏପରି,
ଗୋଟେ ଲାବଣ୍ୟଭରା ଲୁଚକାଳି ।
ପ୍ରତି କବାଟ ଫେରାଉଛି, ପ୍ରତିଟି ଦାଂଡ଼

ଖତେଇ ହେଉଛି, ପ୍ରତିଟି ସୂର୍ଯ୍ୟୋଦୟ
ଶ' ଶ' କରିଛି
ତଥାପି ଭାଂଗି ପଡ଼ନି; ଖୋଜି ଚାଲ
ମେଲେଇ ଚାଲ ।
ସେ ହୁଏତ ସାଗରରେ ଥିବ;
ପ୍ରତ୍ୟେକ ଜୀବର ରକ୍ତ ସଂଚାଳନ ତ
ଗୋଟେ ଗୋଟେ ମହାସାଗର
ସେ ହୁଏତ ଆକାଶରେ ଥିବ;
ପ୍ରତ୍ୟେକ ଆଖି ତ ଗୋଟେ ଗୋଟେ ମହାକାଶ
ସେ ହୁଏତ କେଉଁ କାଳରେ ବସିଥିବ
ପ୍ରତିଟି ନିଃଶ୍ୱାସ ତ ଗୋଟେ ଗୋଟେ ମହାକାଳ ।

ତେଣୁ ଖୋଜା ଚାଲୁ ପୃଷ୍ଠା
ଚିରି ବିଦାରି ଦିଆଯାଉ ଚେର, ମନ
ଦେହ ଓ ବଂଦର
ଲଟା ଝଟା ଆଡ଼େଇ ଟର୍ଚ୍ଚ ଲାଇଟ୍ ପକେଇ
ଖୋଜା ଚାଲୁ ପ୍ରିୟ ସଖାକୁ ।

କିଂତୁ, ମନେ ରଖ
କେହି କେବେ ପାଇନାହିଁ ପ୍ରିୟ ସଖାକୁ
ନା ଅତୀତରେ ନା ଭବିଷ୍ୟତରେ
ପ୍ରିୟ ସଖା, ଗୋଟେ ଅଂତହୀନ
ଖୋଜିବା; ତେଣୁ କେବେ
ହେଳା କରନି ଖୋଜିବାରେ ।

■■

ବର୍ଷା ହେଲା

ଗତ ରାତିରେ
ସମସ୍ତେ ଶୋଇଗଲା ପରେ
ବର୍ଷା ହେଲା; ନିଦରୁ ଉଠେଇ ଦେଲା
ଟିଭି, ପାଣିପାଗ ଅଫିସ୍, ଜ୍ୟୋତିଷଙ୍କୁ
ଲାଜରେ ଭିଜେଇ ଦେଲା ।

କେହି ଜାଣି ନଥିଲେ
ଆଶା ବି କରି ନଥିଲେ
କେବଳ ଅଜଣା ଚଢ଼େଇଟିଏ
କ'ଣ ସୁରାକ ପାଇଥିଲା କେଜାଣି
ବସାକୁ ନ ଫେରି, ବହୁ ରାତି ଯାଏଁ
ଗୀତ ଗାଇ ପବନରେ ଖେଳୁଥିଲା ।

ଓଦା ହେଇଗଲା
ବାହାରେ ଶୁଖୁଥିବା ଲୁଗାପଟା
ଘଷି, କାଠକୁଟା
ଘୋଡ଼ା ଘୋଡ଼ି ହେଇନଥିବା କଂଚା ଇଟା
ବତୁରି ଗଲା ମାଟିର କଂଢେଇ
ଓ ଝୁଂଗୁଲା ଝାଂଜି ପୋଡ଼ା ସଂସାର
ଓଦା ସାର୍ଟ ପରି ଦେହକୁ
ଜାବୁଡ଼ି ଧରିଥିଲା ବର୍ଷାର ଆସର ।

ମାଟି ତଳେ ଗୁମ୍ ମାରି ଧ୍ୟାନସ୍ଥ
ମଂଜିଟି ଚମକି ପଡ଼ିଲା, ଡଂଗା ହେବାର
ସ୍ୱପ୍ନରେ ଚେଇଁ ଉଠିଲା
ଅପରିପକ୍ୱ କବିତା ଖାତାର ପୃଷ୍ଠା
ଦିନର ଶଗଡ଼ ଗୁଳାରେ ପାଣି ପଶି
ମୁକ୍ତିର ଚିହ୍ନା ମାର୍ଗ ଖୋଜୁଥିଲା
ଏ ସମସ୍ତ ଆୟୋଜନକୁ ନିରବରେ ଖତେଇ ହେଇ
ପୁରୁଷ ବେଂଗଟି, ପଥର ତଳେ
ପାଟି ଚୁପ୍ କରି ଶୋଇ ରହିଥିଲା ।

କିଏ ଠକ୍ ଠକ୍ କଲା
ବାଦଲର ଦ୍ୱାର ?
ନଈ ନା ସମୁଦ୍ର ନା ଗଛ
ନା କେହି ପ୍ରେମିକ କବି ?
ଯେ ବର୍ଷା ଚାଲି ଆସିଲା
ଯେମିତି ଚାଲିଆସେ ଅଲିଅଳି ଦୁଲଣୀ
ବିବାହ ପୂର୍ବ ରାତିରେ, ସବୁକୁ ଥୁ କରି
ପାଗଳ ପ୍ରେମିକ ସାଥିରେ
କାହାର ଏତେ ପ୍ରକୋପ ଯେ
ମେଘର ଧ୍ୟାନକୁ
ଅସମୟରେ ଭାଂଗିପାରେ !

ଯେବେ ବି ବର୍ଷା ଆସିଛି
ଆଗରୁ ବାର୍ତ୍ତାନି ପଠେଇଛି
ହୁଳ ହୁଳି ବଂଦାପନା କରିବାକୁ
ତା'ର ପାରିଷଦ ଫୁଲଂକୁ ପଠାଇଛି
ତାଳ ଗଛରେ ଚଢ଼ିଥିବା କଉମାଛକୁ
ଓହ୍ଲେଇ ଆସିବାକୁ ଖବର
ଦେଇଛି ।

ଏଥର କିଂତୁ ବର୍ଷା ହେଲା
ଆମେ ତ ମଣିଷ, ଗଛ, ଲତା ଛାର
ଏପରିକି ରାଗ ମହ୍ଲାର ବି
ଟେର୍ ପାଇ ନଥିଲା ।

ସକାଳକୁ, ଅବଶ୍ୟ
ବର୍ଷା ଆଉ ନଥିଲା;
ଯେ କୌଣସି ରାତିରେ ଆସିପାରେ ବୋଲି
ଆଖିକୁ ନିଦ ନଥିଲା,
ଏମିତି ଗ୍ରୀଷ୍ମକାଳ କ'ଣ
ସାରା ବର୍ଷାଋତୁ ବି ସରିଗଲା ।

ବର୍ଷା ହେଲା ?

ଶୟନ କକ୍ଷର ଚିତ୍ର

ଦେହ ପ୍ରାୟତଃ ସ୍ଥବିର
ଶିଉଳି ଭରପୂର;
ମନ କିଂତୁ ସଂଚରଣଶୀଳ ।
ପିଲ୍ ପ୍ରେରିତ ନିଦ ଉପରେ ଘୋଡ଼େଇ
ହୋଇଛି ସ୍ୱପ୍ନର ପତଳା ଧଳା ଚାଦର ।

ଯେତେ ସବୁ କବିତା ସେଠି
ଜୁଲୁ ଜୁଲିଆ ପୋକ ହେଇ ଉଡୁଥିବ
ଗଦ୍ୟମୟ ଅଂଧାରରେ, ଶବ୍ଦରେ ନୁହଁ
ସ୍ୱରରେ ଲେଖା ହେଉଥିବ ଡାଇରି
ଦେହକୁ ଖଟ ଛୋଟ ହେଉଥିବ ।

ମଶା, ମାଛି, ଡାଆଁଶ ଆଦି ରାତ୍ରିଚର ଜୀବମାନେ
ପହଂଚୁଥିବେ ହିସାବ ଖାତା ଧରି, ସମୟର
ଓ ଶୂନ୍ୟତାର ମାପ ହେଉଥିବ
କାଂଥର ଫଟୋମାନେ ସତ ସତ
ଶେଯର ଚରିତ୍ରମାନେ ମିଛ ମିଛ
ନିଦ କ'ଣ ସତରେ ଛୋଟ ମରଣ
ଏଇଠିକୁ ପ୍ରତି ରାତିରେ ହୁଏ
ଉଲ୍କାର ଧରାବତରଣ ।

ଏଇଠୁ ରଚାଯାଏ ଯୁଦ୍ଧ, ବି ପ୍ରେମର ପାର୍ବଣ
ଏଇଠି ଖଟ ତଳେ ଲୁଚି ରହେ

ପୃଥିବୀର ଧ୍ୱଂସର କାରଣ
ପ୍ରାୟ ମୃତ୍ୟୁହୁଏ ଶେଯରେ
ଶୟନ କକ୍ଷରେ;
ଏ ଏକ ଆଦିମ ପରିସଂଖ୍ୟାନ ।

ଦିନ ପଶିଆସେ ବେଳେ ବେଳେ
ରାତି ପୋଷାକରେ, ଝର୍କା ପାଖୁ
ପାହାଂତି ତାରା ଖଟେଇ ହୁଏ
ପ୍ରେମରେ ନୁହଁ, ଭୟରେ
ଦେହ ସହ ଦେହ ଜାବ ପଡ଼ିଯାଏ ।

ସେଠି ଅଛି ମହମର ଖଟ
ତଳେ ଜଳେ ଲବଂଗ ତେଲର ଦୀପ
ଟିକ୍ ଟିକ୍ କାଂଥ ଘଂଟା ଚାଲେ
ନିର୍ଦ୍ଦୟ ଆଘାତ ଦେଇ ଛାତିରେ ଛାତିରେ ।

ସେଠି ଏବେ ରହିଯାଉଛି
ପୃଥିବୀଟିଏ; ସଂସାର ଭିତରେ
ଛୋଟ ଏକ ପୂର୍ଣ୍ଣାଂଗ ସଂସାର
ଯେତେ ବଂଦ୍ କଲେ ବି
ବାହାରକୁ ସବୁ ଦୃଶ୍ୟ ଦିଶେ ଜଳ ଜଳ ।

ଥରେ ରାତିରେ ଦେଖିବ
ବେଡ୍ ଉପରେ, ତୁମ ଆଗରୁ
କିଏ ଶୋଇଯାଇଥିବ ।
କେଉଁ ଭୂକଂପ ତାକୁ ଉଠେଇବ ?
ଅପେକ୍ଷା କର;
ଗୁଡ୍ ନାଇଟ୍ କହିବାର
ସମୟ ଆସିବ । ■■

ବାଟ ବରଣ

ତୋ ଆଖିରେ ସାଂଦ୍ର ଅଂଧାର
ତୋ ରକ୍ତରେ ଭୟଂକର ଝଡ଼
ତୁ ଖୋଜୁଛୁ ବାଟ
ଏକ ଅନାବିଷ୍କୃତ ଜଂଗଲରେ
କାଂଧରେ ବଂଧୁକ, ହାତରେ କଲମ
ଦେହସାରା ରକ୍ତର ଶୃଙ୍ଖଳା ଚିତ୍ର
ଅସରଂତି ଯାତ୍ରା, ଅଫଳଂତି ଅନ୍ୱେଷଣ
ତୁ ଖୋଜୁଛୁ ନୂଆ ମାନଚିତ୍ର ।

ତୁ ପଶିଥିବା ଜଂଗଲକୁ ଦେଖ
ଏଠି କେତେ ପ୍ରେମ, କେତେ ପତ୍ର ଝଡ଼ା
କେତେ ଗଛ ଟଳି ପଡ଼ଂତି ବିନା କାରଣରେ
କେତେ ପକ୍ଷୀ ଫେରି ପାରଂତିନି
କେତେ ଝରଣା ପାଏନି ଠିକଣା
ଏ ଜଂଗଲ ପ୍ରାୟ ଆମର ଯାତନା
ଶୂନ୍ୟତାର ଗହ ଗହ ଗାଆଣରେ
ଟିକେ ଟିକେ ଅବୁଝା ମୂର୍ଚ୍ଛନା ।
ଏଠି ଛାଇ କେତେବେଳେ ଗଛ ହେଇଯାଏ
ତ କେବେ କେବେ ପକ୍ଷୀ ହୋଇ
ଫୁର୍‌କିନା ଉଡ଼ିଯାଏ
ଏଠି ଭିତରର ଭୟ ଡରିଯାଇ ଗୁଂଫାରେ

ଲୁଚିଯାଏ
ଅଂଧାର ଯେତିକି ମାୟା ଲଗାଏ
ଆଲୁଅ ତା'ଠୁ ବେଶୀ ବାଟବଣା କରେ
ଭାବିଥିବା କଥା ସବୁ ଜଂଗଲ ସାରା ବିଂଚି
ହୋଇଯାଏ
ସାବ୍‌ଜା ସାବ୍‌ଜା ଭ୍ରୁଣ ପତ୍ରରେ
ଦେହ ମନ ସବୁ ଖାଲି ହୋଇଯାଏ ।

ଭାବିଛୁ ତିଆରିବୁ ନୂଆ ମାନଚିତ୍ର
ଜଂଗଲ ପରି ନୁହେଁ
ପାର୍କ ଭଳି ସଜେଇବୁ ଗଛପତ୍ର ।
କୃତ୍ରିମତାର କମକୂଟରେ ଚମକିବ
ତୋର କଚ୍ଛବଟ ।

ଦେଖିବୁ କିଛି ଦିନ ପରେ
ଏସବୁ ଲାଗିବ ମାୟାର ମୁକୁଳା ରୂପ
ସେମାନେ ତତେ ବିଦ୍ରୂପ କରିବେ ।

ତେଣୁ ବେଳ ଥାଉ ଥାଉ
କଲମ ବଂଧୁକ ସବୁକୁ
ହଜାଇ ଦେ ଜଂଗଲରେ
ଖୋଜନା ଆଉ ବାଟ
ଯୁଆଡ଼େ ଯାଉଛୁ ଯା'
ବାଟ ଫାଟ କିଛି ନାହିଁ
ଯେଉଁଆଡ଼େ ଯିବ ତୋର ପାଦ
ତା'ହିଁ ତୋ ବାଟ ।

କଂଧମାଳର ନିଆଁ

ଏ ନିଆଁ ବହୁ ପୁରୁଣା
ଏ ନିଆଁ ଏଂତୁଡ଼ିର ନୁହଁ
ଏ ନିଆଁ ଜୁଇର
ଏ ନିଆଁ ଅତି ପରିଚିତ, ଖୁବ୍ ଜଣାଶୁଣା ।

ଆମେ ଜାଣିଥିଲୁ
ଘୃଣାର ବୀଜ ବିକ୍ଷେପ ହୋଇଛି
ଏବେ ଫସଲ ଅମଳ ବେଳ
ଆଶ୍ଚର୍ଯ୍ୟ ହେବାର ନାହିଁ କିଛି
ଯେମିତି ବୁଣିଛୁ ଆମେ
ସେମିତି ପାଉଛୁ ଫଳ ।

ଆମ ପ୍ରାର୍ଥନାରେ ପୂରାଇ ଦିଆଗଲା ବିଷ
ଆମ କାମନାକୁ କମକୁଟ କଲା କଲା ସଂତ୍ରାସ
ଆମ ମୋକ୍ଷ ମୁହାଣକୁ ମୁଦି ଦିଆଗଲା
ଆମକୁ ଦେଖାଇ ଦିଆଗଲା ସୌଭାଗ୍ୟର କୃତ୍ରିମ ସୂର୍ଯୋଦୟ
ଆମ ଛାଇରେ ବାସ କଲା ସଇତାନର ସଂସାର
ଆମ ମୁହଁରେ ଭରି ଦିଆଗଲା ନୂଆ ଶବ୍ଦ, ନୂଆ ଖାଦ୍ୟ
ଆମଠୁ ଛଡ଼ାଇ ନିଆଗଲା ଜାତକ
ଷଡ଼ଯଂତ୍ରର ଷଠୀ ଘର ପାଲିଟିଲା ସମସ୍ତ ଉପାସନା ସ୍ଥଳ
ବଂଦୀ ଈଶ୍ୱର, ମୁକ୍ତ କାରାଗାର ।

ଏ ନିଆଁ ଲିଭିବାର ନାହିଁ,
ଏ ନିଆଁ ଲୋଡ଼େ ରକ୍ତର ଜାଳେଣି
ହିଂସାର ସମିଧ; ଏ ନିଆଁ ରହିଛି
ଆକାଶରେ, ମାଟି ତଳେ, ରକ୍ତ ପ୍ରବାହରେ
ପ୍ରାର୍ଥନା ବହି ପୃଷ୍ଠା ସଂଧିରେ
ଏ ନିଆଁ ଭେଦି ଯାଇଚି ବିଶ୍ୱାସର ବନସ୍ତକୁ
ପାପ ପୁଣ୍ୟର ପର୍ବତ ଶିଖରକୁ
ଏ ନିଆଁ ଲିଭିବାର ନାହିଁ
ହୁଏତ ଥମି ପାରେ କିଛି କାଳ
ପୁଣି ରଚିବାକୁ ନୂଆ ଏକ କଳା ଖେଳ ।

ଏ ନିଆଁର ଉତ୍ସ କେଉଁଠି ?
ନିଆଁରୁ ଜନ୍ମ ନିଏ ନିଆଁ
ଆମେ ଧୂଆଁ ଲିଭେଇବାରେ ବ୍ୟସ୍ତ
ନିଆଁ ଛୁଇଁଲାଣି ଘରର ମଥାନ, ମସ୍ତିଷ୍କ
ଧୂଆଁରେ ସମସ୍ତେ କାକୁସ୍ଥ, ଅନ୍ୟମନସ୍କ ।

ଆମେ ଜାଣୁ ନିଆଁ ସେଇଠୁ ଆସୁଛି
ଯେଉଁଠି ପବିତ୍ର ଅକ୍ଷର ସବୁ ପହରା ଦେଉଛି
ଯେଉଁଠି ପୁଣ୍ୟର ପ୍ରପାତ ମୁକ୍ତିର ଇଂଦ୍ରଧନୁ ଆଂକୁଚି
ଯେଉଁଠି ଭୋକର ଭୂଗୋଳ ଧର୍ମଗ୍ରଂଥ ପାଲଟୁଛି
ସେଇଠି ଯେଉଁଠି ମିଛ ସବୁ ଲୋଭନୀୟ ପାରୁଖ ହୋଇଛି
ଭଂଗା ଯାଉ ସେଇ ମିଛର ମହାଦ୍ରୁମକୁ;
ନିଆଁ ଲିଭିଯିବ; ନିଶ୍ଚୟ ଲିଭିବ
ତେବେ କାହାର ସାହସ ଅଛି !
କିଏ ମିଛକୁ ମିଛ କହି
ଛଳନାର ଚୂଳି କାଂଧକୁ ଗୋଇଠା ମାରିବ ।

ବେଲାଲସେନ

ଆମେ କିଆ ଫୁଲ ପରି ବାସିଥିଲୁ
ଅସଂଖ୍ୟ ଆଶା ଓ ସନ୍ଦେହଙ୍କ ବୁଦାରେ
ଅପେକ୍ଷା କରିଥିଲୁ, ବୋଇତ ଖଟାଇ କୂଳେ
ପବନରେ ଉଡ଼ି ଉଡ଼ି ଆସିବ
ବାସ୍ନାର ବଣିକ
ଆମକୁ ଉଡ଼ାଇ ନେବ ଶୂନ୍ୟରେ ଶୂନ୍ୟରେ ।

ଆମେ ରହିଗଲୁ ପ୍ଲାଟଫର୍ମରେ
ସେମାନେ କି ଗାଡ଼ି କେହି ରହିଲେନି
ଅଚଳନ୍ତି ଟିକେଟ୍‌କୁ ଯାତ୍ରା ମୋହ ପ୍ରବଳ
ଆମେ କୁଆଡ଼େ ଯାଇ ପାରିଲୁନି
ମାଦଳ ହୋଇ ଯାଉଥିଲୁ ଯେମିତି
କେଉଁ ଏକ ଅବୋଧ ଅଭିଶାପ
ଆମ ବ୍ୟକ୍ତିଗତ ଇତିହାସର ଗତି ରୋକି ଦେଲା
ଇତିହାସରେ ହିଁ ଭବିଷ୍ୟତ ଦରାଣ୍ଡିବାକୁ ହେଲା ।

ବେଙ୍ଗେଳାରୁ ଛିଟ୍‌କି ପଡ଼ିଥିବା ଧାନ ଶିଂଶାଟେ
ଆମର ଦୋଷ କ'ଣ !
ବର୍ଷାରେ ଓଦା ହେଇଯାଇଥିବା ଧୂପକାଠି ପ୍ୟାକେଟ୍
ଆମର ପାପ କ'ଣ !

ଆମେ ତ ରାଜି ଅଛୁ, ତୟାର ଅଛୁ
ପଠାଉନ ରାଜଧାନୀକୁ କି ସୀମାନ୍ତକୁ
ନିଆଁ ପହଁରିବାକୁ କି ପାଣି କଂଟିବାକୁ
ଆମେ ଦୌଡ଼ିବାକୁ ଗୋଡ଼ ଟେକି ବସିଛୁ,
ଗାଁ ଭାସିଗଲା ପରେ, ଲୋକବାକ
ନିଶୂନ ହେଲାପରେ, ଯେମିତି ରୁହେ ଗ୍ରାମଦେବତୀ
ଭାଇ ଚାଲିଗଲା ପରେ ଯେମିତି ରହିଯାଏ
ଅଗଣାର ଗୋଟେ କୋଣରେ ଭାଉଜ, ବାଙ୍ଗ୍‌ମୟ ନୀରବତାରେ
ଆମେ ସେମିତି ହେଲେ ରହିଥାନ୍ତୁ !
ପୁରୁଣା ପାଟର କେତୋଟି ପୁରୁଣା ଗଛ ଭଳି
ଆମେ ରହିଛୁ; କେତେ ଇତିହାସକୁ ଆଉଜି
ସ୍ୱପ୍ନକୁ ଆଶ୍ରା କରି
ଆମ ପାଇଁ ବଦଳୁନି କିଛି ଦୃଶ୍ୟରାଜି ।

କିଛି ନହେଲେ ନାଇଁ, ଆମକୁ
ଏତିକି ମିଳୁ, କେହି ଯେମିତି
ଆମକୁ ଦୋଷ ନଦେଉ
ଅକର୍ମା ନକହୁ
ଲଢ଼ିବାକୁ ଆସିଥିଲୁ; ଦୁର୍ଭାଗ୍ୟକୁ
ବେଲାଲସେନ ହୋଇଗଲୁ ।

ଯାତ୍ରାପଥ

ଆରଂଭର ଆରଂଭ
ଶେଷର ଶେଷ;
ତୁମେ ସମୟର ସୃଷ୍ଟି କର୍ତ୍ତା
ଶୂନ୍ୟର କରତା ପୁଣି ପୂର୍ଣ୍ଣତାର ସ୍ରଷ୍ଟା
କେଉଁ ଭାବେ ବର୍ଣ୍ଣିବି ତୁମକୁ
ତୁମେ ସବୁ ଭାବ ଅଭାବର ଉତ୍ସ
ଅସଂଖ୍ୟ ଅନ୍ୱେଷାର ତୁମେ ମହାଶୋଷ ।

ଏ ଜୀବନ ଏକ ଅନ୍ୱେଷଣ
ଅଂତହୀନ ପ୍ରଶ୍ନ;
ଭୂମିଠାରୁ ଭୂମାଯାଏ ସବୁଠି ସଂଦେହ
ଅଂତରୀକ୍ଷର ଆଲୁଅରେ ଦିଶୁନାହିଁ ମୁହଁ
ଆଖିର ଆକାଶରେ ଉଠେଇ ଆସିଛି ଭୟ
ଶେଷରେ ଗଛ ଛାଇ ତଳେ ଆଶ୍ରୟ
ଯେଉଁ ଗଛ ତଳେ ନେଇଛି ଶରଣ
ସେ ହିଁ ସମସ୍ତ କାର୍ଯ୍ୟର କାରଣ ।

ସବୁକୁ ଭୁଲିବାକୁ ହେବ
ଆକାଶରୁ ଯେତେ ସବୁ ଭସା ମେଘକୁ
ପୋଛିନେବାକୁ ହେବ, ଲିଭାଇ ଦେବାକୁ ହେବ
ସମସ୍ତ ଅତୀତ ଓ ଭବିଷ୍ୟତ
ସିଲଟରୁ ଲିଭାଇବାକୁ ହେବ ଯେତେକ ଅକ୍ଷର
ପ୍ରଥମେ ଶୂନ୍ୟ ହେବାକୁ ହେବ ।

ସେଇଠୁ ଆରଂଭ ହେବ ଯାତ୍ରା ପଥ
ଏବଂ ସେ ପଥର ପ୍ରତିଭୂ ଏକା ଜଗନ୍ନାଥ ।

ଭଲ ଲାଗୁନି

ଦିନ ସବୁ ଲଂବା ଲଂବା; ରାତି ସବୁ ଛୋଟ ଛୋଟ
ରାସ୍ତା ସାରା ଶୁଖିଲା ପତ୍ର, ଚିରା ଚିଠି, ଶୁଖିଲା ମୁହଁ
ଟ୍ରାଫିକ୍ ଜାମ୍, ଡାକବାଲା ଆସୁ ନାହିଁ ପ୍ରିୟ ଚିଠି ଆଣି
ଏଠି ସ୍ମୃତିର ବାରୁଦ ଗଦା ଓ ଜଳଂତା ଯୌବନ
ଏଠି ଆଉ ଭଲ ଲାଗୁନି
କି ଫଗୁଣ କି ଶ୍ରାବଣ ।

ଟ୍ୟାପ୍‌ରେ ପାଣି ନାହିଁ
ଖାଲି ସୁଁ ସୁଁ ଦୀର୍ଘଶ୍ୱାସ, ଦେହରେ ବିସ୍ମୟ ନାହିଁ
ଖାଲି ଅବଶୋଷ,
ରାତିରେ ଶୁଭୁନି ରାତିର ପ୍ରିୟ ସଂଗୀତ
ସଜନା ଗଛରେ ସଁବାଳୁଆ ପୋଷାକ
କେଉଁ ସ୍ନେହ ଲାଗୁନାହିଁ ବ୍ଲାଂକ୍ ଚେକ୍ ପରି
ଏଠି ଭଲ ଲାଗୁନି; ହ୍ୱିସିଲ୍ କି ମହୁରୀ ।

ଗଛ ନାହିଁ, ବଣ ବଣ ଲାଗୁଛି
ଯୁଦ୍ଧ ନାହିଁ, ଦୁଃଖ ଦୁଃଖ ଲାଗୁଛି
ଭିକାରୀ ପହଂଚୁଛି କିଛି ନଥିବା ପହରରେ
ଠାକୁର ଆସୁଛନ୍ତି ସବୁ ଥିବା ସମୟରେ
ଖସଡ଼ା ଦାନ୍ତ ଘର, ଶିଉଳି ଓ ପାର୍କ
ଏଠି ଭଲ ଲାଗୁନି
କି ସ୍ୱର୍ଗ କି ନର୍କ ।

ମା'ଙ୍କର ପଣତ ଚିପୁଡ଼ିଲେ ରକ୍ତ
ମାଟି ଆଡ଼େଇଲେ ବିଷ ବୀଜ
ପାଦ ଟେକିଲେ କଂଟା, ଆବର୍ତ୍ତ
ଏବେ ଏବେ ଆସିଥିଲି
ଫେରୁଛି ଭଲ ଲାଗୁନି ବୋଲି ।
ଫେରିବି ସେଇଠିକୁ
ଯେଉଁଠି କିଛି ଥାଉ କି ନଥାଉ
ମରୁଡ଼ି ଥାଉ କି ମଡ଼କ;
ମତେ ଭଲ ଲାଗୁଥିବ ।

କପଟପାଶା

କଳଂକଠୁ ବଳି କଳା ଅଂଧାରରୁ
ଲଂଠନ ଆଲୁଅକୁ ଆସିଗଲା
ଆସାମୀ, ରାତି ୧୦ଟା ୧୫ ମିନିଟ୍‌ରେ
କେହି ବି ଶୋଇ ନଥିଲେ
ଯେଉଁ ଗାଁରେ ପ୍ରାୟ ସମସ୍ତେ ଶୋଇପଡ଼ଂତି
୮ଟାରେ; ରେଡ଼ିଓରେ
କୃଷି ସଂସାର ପରେ ପରେ ।

ଆସାମୀ ଆସିବନି ବୋଲି
ସମସ୍ତେ ନିର୍ଦ୍ଧୟ ନିଶ୍ଚିତ ଥିଲେ
ସାମୂହିକ କ୍ରୋଧରେ ଜଳିବାକୁ
ଏକାଠି ଅପେକ୍ଷା କରିଥିଲେ ।

ଏତେ ବଡ଼ ଗହଳିର
ଗୋଟେ ଆଖି ଗୋଟେ କାନ
ଏମିତି କେବେ ଆଗରୁ ହେଇନି
ଏ ଆତଂକର ଏକତା କେଇଦିନ ?
ଯେ ଯାହାର ମନ ଓ ବିଚାର ନେଇ
ଫେରିଯିବେ ନିଜ ନିଜ ଗୁହାଳକୁ
ନିଜ ନିଜ ବଳଦର ଖୁଂଟ ସଜାଡ଼ିବାକୁ ।

ଏବେ ଯେ ଆଲୁଅରେ
ସେ ଆସାମୀ
ଅନ୍ୟମାନେ ଅଂଧାରର
କୃପାଣରେ ବଂଦୀ ।

ସେ କ'ଣ କରିଥିଲା;
ଭୋକ ପାଇଁ ଭୋକ
ଦେହ ପାଇଁ ଦେହ
ଖୋଜିବାକୁ
ଜଳ ସ୍ଥଳ ଆକାଶ
ଖେଦିଥିଲା ।

ସେ କ'ଣ ପାଇଥିଲା
କେବଳ ତାକୁ ଜଣାଥିଲା ।

ଆସାମୀ ବୟାନ ଦେଲା
ଦୟା କଲା ଭଳି :
କହିଲା; ହୋ ସଭାଜନେ !
ପଂଚ ମହାଜନେ !
ତମେ ଯେମିତି ଚାହିଁଲ
ଆମେ ସେମିତି ହେଲ
ଏବେ ତମେ ଯେମିତି ଚାହିଁବ
ଆମେ ସେମିତି ହେବ
ଏବେ ଯାହା ବିଚାର କରିପାର
ମନେରଖ :
ମୋ କ୍ରିୟା କର୍ମର
ତୁମେମାନେ ହିଁ ଶ୍ରେଷ୍ଠ ଅଂଶୀଦାର ।

ଅନେକ ଜୀବନ

ରାତିର ଓଢ଼ଣି ଅପସରିଗଲା
ଦିଶିଲା; ଅଂଧାରର ମହାସମୁଦ୍ରରେ
ଆଲୋକିତ ପୋତଟିଏ, ନଂଗର ପକେଇ
ଅପେକ୍ଷା କରିଛି
ଏକ ଅନୁକୂଳ ଅଂତର୍ବାହକୁ ।

କେଉଁ ଏକ ଜରାଜୀର୍ଣ୍ଣ ମଂଦିର କାଂଥରେ
ନର୍ତ୍ତକୀର ଯୋନିରେ, ଉଠିଥିବା ବରଗଛର
ଭବିଷ୍ୟତ ପରି, କ୍ଷୁଧା ଆଉ ବାସନାର
ଯୋଗୀଥାଳରେ, କେବଳ କେଇ ଟୋପା
କାକର ବିଂଦୁ ଭଳି
ଦଗ୍ଧ ଉପବନର,
ସାହସୀ ପ୍ରଜାପତି ସହ
ମୁଁ ଗଇଁଠେଇ ହେଇଥିଲି
ତପରେ ଓ ତର୍ପଣରେ ।

ରାତି ସତରେ ଭ୍ରାଂତି
ନା ସାଦା ସତ୍ୟ !
ଯାହା ଦିଶୁଛି ମିତ୍ରବତ୍
ସେ କ'ଣ ରାତିର ସର୍ଜନା
ନା ଛଳନା ବକଟେ ।

ମୁଁ ବହୁ ପ୍ରଶ୍ନର ଉତ୍ତର ନ ଖୋଜି
ବହୁ ପାହାଚ ନଛୁଇଁ, ଡେଇଁ ଡେଇଁ
ପହଂଚିଗଲି, ଘୂର୍ଣ୍ଣିରେ
ନିଜର ଅଂଗ ପ୍ରତ୍ୟଂଗ ସଜାଉଥିଲି ।

ମୋର ଦରକାର ପ୍ରେମ
ସେ ହେଇପାରେ ବି
ମୋ ମୃତ୍ୟୁର କାରଣ ।

ରାତି ପୁଣି ଆସିବ
ଫାଡ଼୍ ଫାଡ଼୍ କରିଦେବ
ଆମକୁ ଖାଲି ଅଲଗା ନୁହେଁ
ଅଦୃଶ୍ୟ ବି କରିଦେବ ।

ପୁଣି କେତେ କାଳ ପରେ
ରାତିର ଓଢ଼ଣି ଅପସରିଗଲେ
ମୁଁ କ'ଣ ମୁଁ ହେଇଥିବି
ନା ତୁମେ ଥିବ ଆଗ ଭଳି;
ବେଶ୍ କିଛି ବଦଳି ଯାଇଥିବ ।

ସତରେ
ଆମେ ଏମିତି କେତେ ଜୀବନ ଜୀଇଁବା
ଗୋଟେ ଜୀବନରେ ।

କାଳବେଳା

କୁଆଡ଼େ ଯାଆଂତି ସେମାନେ, ସୁଂଦରୀମାନେ
ଅମାବାସ୍ୟା ରାତିରେ ।
ବେଶୀ ଅଂଧାର ଘୋଟିଆସେ
ଆଖିରେ, ଆକାଶରେ ।

ଏ ଚଳଂତା ପୃଥିବୀକୁ କିଏ ପାରିବତ
ଟିକେ ଅଟକାଅ; କିଏ ସେ କଂଡ଼କ୍ଟର ?
ମୁଁ ଓହ୍ଲେଇ ପଡ଼ିବି
ଏଠି କିଆଁ ରହିବି ଅକାରଣରେ ।

ଅସଭ୍ୟ ଇଛାମାନେ ଖେଦିଛଂତି
ଗଳି, କଂଦି, ଦେଶ, ରାଜ୍ୟସାରା
ସଂତ୍ରସ୍ତ ଡାକବାକ୍ସ, ବିଜୁଳିଖୁଂଟ
ସ୍ୱପ୍ନମାନେ ଖୁବ ଅଝଟ ।

ଡର ଲାଗୁଛି, ଅଂଧାରରେ କେମିତି ଥିବ
ମହୁଫେଣା, କୂଳର ବାଲିରେ ଗଢ଼ିଥିବା ପ୍ରତିମା
କେମିତି ଥିବ ଝଡ଼-ଝୁଲା ବସାରେ ଅଂଡ଼ା
ଡର ଲାଗୁଛି;
ମୋର କ'ଣ ହୋଇଯିବାର ଅଛି ।

ଭାଂଗିଯାଉଛି ସମୟ, ଦେହ, ମୋହ ଓ ବୈରାଗ୍ୟ
ବାୟୁମଂଡ଼ଳରେ ପ୍ରବେଶ କରିଥିବା ଉଲ୍‌କା ପରି
ଯେ ଯାହାର ନଷ୍ଟ ପର୍ବରେ
ତାଳ ନାହିଁ, ଲୟ ନାହିଁ
ତାରାଠୁ କୂଳର ତରୀଯାଏଁ
ସମସ୍ତେ ଅସଲଗ୍ନ ଗତିରେ
ଝୁଂଟିବା ଡର ପ୍ରତି ମୁହୂର୍ତ୍ତରେ ।
ମୁଁ ଜାଣିଛି, ଏ କାଳ ରାତି ପରେ
ଫୁଲହାଟ ବସେଇ ଜହ୍ନ ରାତି ଆସିବ
ଗୋଟେ ଗୀତରେ ଜଗତ ବଂଧା ହେବ
ସୁଂଦରୀମାନେ ଆଖିରୁ ନିଦ ଗେ଼ରି କରି
ତାରା ଘରେ ଲୁଚେଇବେ
ରାତିସାରା ନାଚିବେ ଓ ନଚେଇବେ ।

ହେଲେ, ଏ ଅମାବାସ୍ୟା ରାତିରୁ
କେଉଁମାନେ ବଂଚିବେ ?
ଆସଂତୁ ସୁଂଦରୀମାନେ, ଏଥର
ଜହ୍ନରାତିରେ ଖାଲି ଶବ ପୋଡ଼ିବେ ।

ଭୂତ ଭୟ

ପୋଡ଼ାଗଡ଼ରେ ପହଂଚିଲେ
ବୁଢ଼ା ପାଇକ ।

ଇତିହାସ ବହିରୁ ପୃଷ୍ଠା ଚିରି
ସଜା ହୋଇଥିଲା ତୋରଣ
ଭାଟର କୈବାର, ତୂରୀ, କାହାଳୀ, ଘୁମର;
କଳିଯୁଗ ଷଂଢ଼ା, ଝାଡ଼ ପାତିଶା ଭେଂଢ଼ା
ସେ ସଂଗ୍ରାମେ ସହସ୍ରବାହୁ;
ଇତିହାସର ଅର୍ଗଳି ସେପଟେ
ଏବେ ବୁଢ଼ା ପାଇକର ବେକ
ଭୟର ଅତୀତ ।

କଂକଣ ଦେଖାଇ ଜାନୁଘଂଟରେ ହୁକାରିଲେ
ବାହାରେ ବାଘମୁହିଁ ବାହୁଟି
ସୁନୁଚିରା ମାରି ଆଖିକୁ ତେଇଁଲେ
ଅଜାଡ଼ିଲେ ଚିରା ଗାମୁଛାରେ ସ୍ନେହ
"ମୁଁ ମରିଯିବି ହେ ପ୍ରଜାକୁଳ
ମତେ ତୁମ ଥଂଟସବୁ ଦିଅ ।"

ସହସ୍ର ବଂଧରେ ରମଣ ପରେ ବି
ଚିତ୍ର ବଦଳିନି ଚିତ୍ରିଣୀ ନାରୀର;
ହସ୍ତରେ ରସବାଡ଼ି, ଚୈତନ୍ୟ, ମୃଦୁନି
"ଟାଣିନେବି ଇତିହାସର କଂକାଳ
ସେପଟକୁ, ସୁବର୍ଣ୍ଣ ଦୀପ ତୈଳ କୋଳକୁ
ଉଠେଇ ଥାପି ଦେବି ଜଗତି ଉପରେ"
ବୁଢ଼ା ପାଇକ ଭୁଲ୍ କରୁଥିଲା
ମଣିଷକୁ ନିଜର ଦୁର୍ଗ ଭାବିବାରେ ।
ଯେ ଇତିହାସର ନାଁ ନେଲାଣି
ତା'ର ବୋଧେ ଇତି ଆସିଲାଣି ।

ହେଇ ଦେଖ
ଆକାଶରେ ସୂର୍ଯ୍ୟାସ୍ତ ସୂର୍ଯ୍ୟାସ୍ତ,
ଅଂଧାର ହେବା ପୂର୍ବରୁ
ପଳେଇ ଚାଲ
ଅଂଧାରରେ ବାହାରିବ
ବୁଢ଼ା ପାଇକର ଭୂତ ।

ଛାଇ

ଛାଇଛାଇକା ଜହ୍ନରାତି
ହେଇଥିବ; ଶୁଖିଲା ପତ୍ର ଭର୍ତ୍ତି ଭିତିରି ବାଟରେ
ଖସ୍ ଖସ୍ କରି ସାପ ଭଳି କେହି
ଘରକୁ ପଶି ଯାଉଥିବ ।

ଝର୍କା କବାଟ ଆଲୁଅ ଆପେ ଆପେ
ବଂଦ ହେଇଯାଉଥିବ
ଥୋପା ଥୋପା ମହୁ ନିଭୃତ ଫେଣାରୁ
ଝରି ଯାଉଥିବ ।

ଡିବିରି ଠଣାରୁ କଳା ଅଂଧାର ଆଣି
ଲେପିଦେବ ଦେହସାରା, ସୀମିତ କୋଠରୀରେ
ଭରିଯିବ ମହାଶୂନ୍ୟର ବିଶାଳତା
ଏବେ କ'ଣ ବଢ଼ିପାରିବ ଗୃହବାସୀ ଲତା
କାଂଥ ଘଂଟା, ପୋଷା କୁକୁରର ବୟସ
ଥମ୍ ଥମ୍ କୂଳ କିନ୍ନାରା
ବିଶ୍ୱାସ ହୁଏନି, କେତେବେଳେ କ'ଣ
କହି ପକେଇବ ନିଃଶ୍ୱାସ ।

ଶୋଇପାରୁନି ଅଗଣାର କୃଷ୍ଣଚୂଡ଼ା
ଆକ୍ୱାରିଅମ୍‌ର ମାଛ, ସ୍ଥିର ହେଇପାରୁନି

ବାହାରର ଲୁହା ଗେଟ୍, ରାସ୍ତା ତଳ ମାଟି
ବକଟେ ଅବିଶ୍ୱାସକୁ ଘୋରି ହେଉଛି ସାରା ରାତି ।

ଯେ ଘର ଭିତରେ ପଶିଛି, ଆମେ
ତାକୁ ଦେଖିନୁ; ଯେ ବାହାରିବ
ଆମେ ତାକୁ ଅପେକ୍ଷା କରି ବସିଛୁ
ଆମେ ଆମ ସଂଦେହକୁ ଅପେକ୍ଷା କରିଛୁ
ଗଢୁଛୁ, ଭାଂଗୁଛୁ;
ସେ ହୁଏତ ଆମ ଅପେକ୍ଷାକୁ
ସଂଦେହ କରିପାରେ; ଏମିତି ଛକାଛକିରେ
ହୁଏତ ରାତି ବିତି ଯାଇପାରେ ।

ରାତି;
ସକାଳକୁ କେତେ ମନେ ରହୁଛି !

ପ୍ରତି ଜହ୍ନରାତି, ଜୀବନର, ଛାଇଛାଇକା
କାହିଁକି ଏମିତି କଟୁଥାଏ
ଅପେକ୍ଷାରେ, ଅବିଶ୍ୱାସରେ
ଯେମିତି ଭିତରେ, ସେମିତି ବି ବାହାରେ ।

ରାତି ରାତି...

ଆଜି ରାତିରେ
ଗହଳ ମାଂଡ଼ିଆ କିଆରିରେ
କି ନିଦ ବଟିକାରେ
ନିଦ ନାହିଁ;
ରାତିର ଅଭିଧାନରେ ନିଦ ବୋଲି ଶବ୍ଦ ନାହିଁ
ନଈ ସେପାରିର ପକ୍ଷୀ ନେଇଯାଇଛି
କୁଶରେ ବାଂଧି ଥଂଟରେ
ଯେତେ ଯେତେ ରାତି ବେଶୀ ହୁଏ
ମୁଁ ନିଜଠୁ ଦୂରକୁ ଘୁଂଚୁଥାଏ ।

ସିଗାରେଟ ଭଳି ହାଡ଼ ଜଳିଯାଏ
କଅଁଳା ନିଆଁରେ ଆଲୁଅରେ
ନଡ଼ା ତଳ ବୁଢ଼ିଆଣୀ ଜାଲର ଆଟୁରେ
ବୁଢ଼ୀ ଅସୁରୁଣୀ ଗୋଡ଼ ଲଂବେଇ ବସିଥାଏ ।
ନିଦ ନହେଲେ କିଛି ଫୁଲ ଅଛି
କାଳେ ଆଦୌ ଫୁଟି ପାରିନଥାଏ ।

ଅଭାବର ଅବୟବ
ହା ହତାଶର ହୃଦୟ ନେଇ
କେମିତି ମିଳିବ ପ୍ରସ୍ଥାନ
ଘଟରୁ ନଈକୁ
ଘାଟରୁ ଡଂଗାକୁ ।

ଏ ରାତିର ଅବଶିଷ୍ଟ ଆୟୁଷକୁ
ରଖାଯିବ କେଉଁ ଗଛ କୋରଡ଼ରେ !
ଘରିପଟେ ଢେର ଢେର ପାଦଶବ୍ଦ
ରୁଣୁଝୁଣୁ ଟୁପୁରୁ ଟାପୁରୁ
ନିରବତାର କଳା ବିଲେଇ
ଯାତ୍ରାପଥ ଡେଇଁଯାଏ
ଯେଉଁ ଚିଠିରେ ଭାଷା ନଥାଏ
ଡାକବାଲା ସେଇ ଚିଠି
କାହିଁ ପାଇଁ ଦିଏ
ରାତିକୁ ସବୁବେଳେ ଡର
ସକାଳକୁ ଜୀବନ ଗୋଟେ ଖବର ।

ଏ ରାତିରେ ନିଦ ନାହିଁ
ଏ ରାତି ଶୋଇବାର ନୁହେଁ
ଡେଇଁ ଡେଇଁ ବତୀ ତେଜିବାର ବୋଲି
ଠଣାର କଳା ଠାକୁରାଣୀ
କାହିଁ ତ କହି ଦେଉନାହିଁ !

ତୁମେ ନଥିବ

କିଏ ଯାଉଛ ! ଟିକେ ରୁହ
ଶୁଖିଲା ପତ୍ର ଉପରେ ଖସ୍ ଖସ୍ ଖସ୍
ଏତେ ଅଂଧାରରେ, ଏତେ ଆତଂକରେ:
ନିଜ ନିଃଶ୍ୱାସକୁ ଦେଖି ପାରୁଛ ନିଜେ
କେହି ଦେଖି ପାରୁ ନାହାଂତି ତୁମକୁ
ଦେଖୁଛଂତି କେବଳ ତୁମଠୁ ଦୀର୍ଘ ତୁମର ଛାଇକୁ ।

ଘରେ ସବୁ କିଏ କିଏ ଅଛଂତି
ଷଠୀ ଘର ତୁମର ଭାଂଗିଛି ନା ଅଛି
କ'ଣ ହେଇଛି ତୁମର
କେଉଁ ଅପରାଧରେ ସାରା ଜଗତ ହୋଇଗଲା ପର ।

ତୁମେ ଦେଖିବାକୁ ଚାହୁଁଛ ଯେଉଁ ସୂର୍ଯ୍ୟୋଦୟ,
ତୁମେ ଗାଇବାକୁ ଚାହୁଁଛ ଯେଉଁ ଲାଲିମାର ଲୟ
ସେସବୁ ଚିତ୍ର ଖାତାର କଥା;
ଜୀବନ ସତରେ, ଲକ୍ଷେ କଟା କଟି ହୋଇଥିବା
ଦୀର୍ଘ ରଫ୍ ଖାତା ।

ଅବ୍ୟକ୍ତ ଅଭିମାନର ବିଳାସରେ
ତୁମେ ଚାଲି ଗଲ ନଈ କୂଳକୁ
ଖୋଲା ପବନରେ ନିଜକୁ ଖୋଲି ଦେବାକୁ

ନଈର କୁଂଭୀର କି ମଂତ୍ର ପଢ଼ିଲା
ତୁମେ ଚାଲିଗଲ ଦୁଇ କୂଳକୁ ଆଶ୍ଚର୍ଯ୍ୟ କରି
ଅଫେରା ସ୍ରୋତରେ, ଅବୋଧ ଆଲିଙ୍ଗନରେ ।

ଅଂଧାର ଜାଳୁଛି ତୁମକୁ
ତୁମେ ଭାବୁଛ ନିଜକୁ ଆଲୋକର ଉତ୍ସ
ଘୃଣା ତୁମକୁ ଘୃତ କରୁଛି
ଜଳୁଛ ଦୀପ ହୋଇ ଅପଦେବତାର ଅଂଗନରେ
ହିଂସା ଗ୍ରାସିଛି ତୁମର ହଂସାକୁ
ତୁମେ ନାଚୁଛ ସଂତ୍ରାସ ରାସରେ ।

ଟିକେ ରୁହ, ଟିକେ ରୁହ
ଦେଖାଅ ତୁମର ଦୀର୍ଘଶ୍ୱାସର ଦସ୍ତାବିଜ୍
କହି ଦେଇଯାଅ ତୁମ ସଂକଳ୍ପର ବର୍ଣ୍ଣବୋଧ
ଏତେ ଡର, କାହିଁକି ଆମକୁ ଡରୁଛ
ଆମକୁ ନିଆଁ ଉଁଚାଉଛ ।

ଏବେ ନ ହେଲେ କେବେ ନିଶ୍ଚୟ
ଫେରିବ; ଫେରିଲା ବେଳକୁ
ସବୁଥିବ; ଏଇ ଗଛ, ଗହୀର, ନଈ କୂଳ
କାଶତଣ୍ଡୀ ଫୁଲ
ସବୁ ଥିବ; ହେଲେ ତୁମେ ନଥିବ
ତୁମେ ଆଉ କ'ଣ ହୋଇଯାଇଥିବ ।

ନାୟକ ବଂଶର ବିଧବା

ନାୟକ ବଂଶର ସେ ଜଣେ ବିଧବା
ଇତିହାସର ନୁହଁ; ଗଲା ସାଲର କଥା
ସେ ବି ପିଂଧୁଥିଲା ମଥାରେ ସିଂଦୂର
ପାଦରେ ଝୁଂଟିଆ ଓ ଝୁଂପା ।

କିଏ ଜାଣିଥିଲା ଭିନ୍ନେ ହେବାର
ଏତେ ବର୍ଷ ପରେ, ସେ କାଳର
ବାରୁଦ ଟିକକ ଏତେ ଜୋର୍‌ରେ ଜଳି ଉଠିବ
ଦୁଇ ଗୁଂଠ ଜ୍ୟେଷ୍ଠା ଉପରେ
ଗୋଟେ ମିନି ମହାଭାରତ ହେଇଯିବ ।

ନ୍ୟାୟ, ନିଶାପ, ପଂଚାୟତ, କଚିରୀ;
କେଉଁଠି ଛିଂଡ଼ିଲାନି, ପଦେ ଦି'ପଦରେ
କଥା ଅଟକିଯାଏ; ଭିତରେ ଘୂର୍ଣ୍ଣିବାତ୍ୟାଟିଏ
କେନ୍ଦ୍ରୀଭୂତ ହେଉଥାଏ ।
ନିଜ ରକ୍ତର ଶତ୍ରୁକୁ, ରକ୍ତରେ ହିଁ
କେବଳ ମାରିହୁଏ
ଇତିହାସ କୁହେ;
ଯାହା ପୁଣି ଥରେ ପ୍ରମାଣିତ ହେଲା
ଗଲା ସାଲରେ; ବାରମୂଳାରେ ।

ବିଧବାର ସ୍ୱର୍ଗୀୟ ପତି
ଅଂଟା ଭିଡ଼ି ଡେଇଁ ପଡ଼ିଥିଲା

ଜୀଇଁଲେ ଦୁଇଗୁଂଠ ଜମି, ମଲେ ସ୍ୱର୍ଗ
ମରିବ ନହେଲେ ମାରିବ
କିଛି ଗୋଟେ ହେବ ।

ଅବଶ୍ୟ କିଛି ହେଲା; ଗାଁକୁ
କ୍ୟାମେରା, ସାଂବାଦିକ, ଆହା ଶବ୍ଦ ଆସିଲା
ବିଧାନସଭା, ଲୋକସଭା, ଜାତି ସଭା ଯାଏଁ
କଥା ଲଂବିଗଲା,
କିଂତୁ ହେଲା କ'ଣ ?
ନାୟକ ବଂଶର ବିଧବା କେବଳ ଜାଣେ
ବୈଧବ୍ୟ କ'ଣ
ତୋରଣ, ମାନପତ୍ର, ସଂବର୍ଧନାର
ମାନେ କ'ଣ !

ନାୟକ ବଂଶ ସେ ବିଧବାଠି
ବୈଧବ୍ୟ ଦେଖିନି, ଦେଖିଥିଲେ ହୁଏତ
ଦୁଇ ପକ୍ଷ ତରଳି ଯାଇଥାଂତେ
ତା' ଆଖିରେ ମେଘ ନୁହେଁ, ବିଜୁଳି
ଦେଖିନଥାଂତେ !
ସେମାନେ ବୈଧବ୍ୟର ରଂଗକୁ
ଲାଲ କରି ସାରିଲେଣି, ଦୁଃଖରେ
ଭାଂଗି ପଡ଼ିନାହାଂତି
ଅଂଟା ସଳଖ କଲେଣି
ବିଧବାର ମୁଂଡ଼ରେ ମୁକୁଟ ପିଂଧେଇ
ବଂଦାପନା କଲେଣି
ତେଣୁ ଏଥିରେ ବିବାଦ ତୁଟିବ କ'ଣ ?
ନାୟକ ବଂଶର ବିଧବା ସଂଖ୍ୟା
ବଢ଼ିବ ଜାଣ ।

ମୃତ୍ୟୁ ଭେଦ

ବିନା ରକ୍ତପାତରେ ମୋତେ ହତ୍ୟା କରିଛି
ମୋ ନିରୀହ ଘାତକ; ତା'ର ମୃତ୍ୟୁ ଭେଦ
ମୁଁ ହିଁ କେବଳ ଜାଣିଛି ବୋଲି
ସେ ମୋ ଘରିପଟେ ପହରା ଦେଉଛି ।

ଦେବତାର ଭୁଲ୍ ସଂଜ୍ଞାଶ୍ରୟୀ ଅପପ୍ରଚାରରେ
ଜାଳିଛି ମୋ ବଣ୍ୟ ବର୍ଣ୍ଣାଢ୍ୟ, ଡେଉଁଛି
ମାଂକଡ଼ଡିଆଁ ମଣିଷ ମୁଂଡ଼ରୁ ମୁଂଡ଼କୁ
ଓଃ କେତେ କାଳ ଏମିତି ମଣିଷ ମୁଂଡ଼କୁ
ମୋ ଅପେକ୍ଷା ସର୍ବଶେଷ ମୁଂଡ଼ର ପରବର୍ତ୍ତୀ
ଅମୂର୍ତ୍ତ ସଂଭାବନାକୁ;
ମୋ ଗତିର ତ୍ୱରାନ୍ୱିତ ପର୍ଯ୍ୟାୟକୁ ।

ମୋ ସ୍ୱାଭାବିକ ହେଂଟାଳ, କୁହୂତାନ
ମୋ ନିଜସ୍ୱ କ୍ରଂଦନର ବୀଣା ବାଜୁନି, ମୋ
ଚିତ୍ର ପୃଥିବୀରେ ଫୁଟୁନି; ମୋ ପ୍ରିୟ ଦୃଶ୍ୟ
ଦୃଶ୍ୟପଟଳ ଛୁଉଁନି ।

ଘାତକ ଅଟକେଇଛି ଚଂଦ୍ରକୁ, ପଡ଼ୋଶୀ ଗ୍ରହକୁ
ମୋ ଆତ୍ମୀୟଂକୁ ଭେଟିବାକୁ ଦୂର ଦୂର ତାରାରେ
ମତେ ଯିବାକୁ ଦିଅ ।

ମୋ ଦ୍ୱାରର ଏରୁଂଡ଼ି ଦେଖେଇ ଦିଅ ।
ବଡ଼ ଜଟିଳ ଯେ ମଣିଷ ଜୀବନ ।
କ୍ଷୁଦ୍ର ସ୍ୱପ୍ନ, କ୍ଷୁଦ୍ର ପ୍ରେମ, କ୍ଷୁଦ୍ର ସବୁ କ୍ଷୁଦ୍ର
ମୋ ପରବର୍ତ୍ତୀ ପାହାଚରୁ ତଳକୁ
ଦେଖିବାକୁ ଦିଅ ।
ପ୍ରତ୍ନତତ୍ତ୍ୱରୁ ମତେ ମଣିଷକୁ ପଢ଼ି
ହସିବାକୁ ଦିଅ ।

ହେ ମଣିଷ ! ନିଜକୁ ଖୋଲି ଦିଆଯାଉ
ଭାଂଗୁ ବରଂ ଖେଳ ଘର, ମଂଦିର ପଂନ୍ଦିର
ଭାଂଗୁ ବରଂ ସବୁ ସଂପର୍କର ଚିଠା କରା ସତ୍ୟ
ଭାଂଗୁ ସବୁ ସତ ଭଳି ଲାଗୁଥିବା
ସବୁ ତକ ସତ ।
ତୋ ସଂଭାବନା ଦେଖ୍; ତୋ ଭାଗ୍ୟ ଦେଖ୍
ବସ୍ତ୍ର ଫୋପାଡ଼ି ଦେବୁ ତ
ରମଣ ପାଇଁ ମିଳିଯିବ ଟେଲିସ୍କୋପ୍‌ରେ ନୁହଁ
ସତରେ; ସେଇ ଦୂର ଦୂର
ଉଜ୍ଜ୍ୱଳ ନକ୍ଷତ୍ର । ସତ ।

ପ୍ରତୀକ୍ଷା

ସମୁଦ୍ର ଲହରୀ ପରି
ମୁଣ୍ଡ ବାଳକୁ ଆଉଁସି ଦେଲେ
କହିଲେ; ଏଇ କହିବ କଥା
ତାକୁ କୁହେଇବା ଶିଖା ।

ଅଂଧାର ଭର୍ତି ସୁଂଡ଼ଂଗ ଭିତରେ
ସହସ୍ର ମହମବତୀ ଜଳିଗଲା ଯେମିତି;
ତାରା ଭର୍ତି ନିର୍ମଳ ଆକାଶ
ସେଥିରୁ ଟିକେ ଆଣି ମୁହଁରେ ବୋଳି ଦେଲେ
କହିଲେ ମୁହଁ ତୋର ଅସଲ ମଇତ୍ର
ତାକୁ ଦର୍ପଣ ହେବା ଶିଖା ।

ଛାତିରେ ଫୁଟାଇଲେ ଡିନାମାଇଟ୍
ଆଶ୍ଚର୍ଯ୍ୟ ଓ ଆତଂକରେ ଖଂଡ଼ ଖଂଡ଼ ହେଇଗଲି
କହିଲେ, ପାହାଡ଼ ଭାଂଗି ମୂର୍ତି ଗଢ଼ାହୁଏ
ନିଜକୁ ମୂର୍ତ୍ତି କରିବା ଶିଖା ।

ଗୋଟେ ଶୀର୍ଣ୍ଣକାୟ ପ୍ରଖରସ୍ରୋତା ନଦୀର
ତୀଖ ବୁଲାଣି ପରି
ସେ ଗଢ଼ିଲେ ମୋର ମଧ୍ୟ ସ୍ଥଳ
ସେ ରଚିଲେ ବ୍ରହ୍ମାଡ଼ ମାଳ ମାଳ ମୋ ଶରୀରରେ

ଅଦ୍ଭୁତ ଆନଂଦରେ ମତେ ବୁଡେଇ ଦେଲେ
ମତେ ଲାଗୁଥିଲା
ମୁଁ ବୋଧେ ସେଇ ଭୋର୍
ଯେଉଁଦିନ ମଣିଷମାନେ କଥା କହି ଶିଖିଲେ ।

ପାଦରେ ପଦେ ଗୀତ ଭଳି
ସେ ବାଂଧି ହେଲେ, ଖୋଲି ହେଲେ
କହିଲେ, ଏଇ ପାଦରେ ଅଧିକାର କରିବୁ ପୃଥ୍ୱୀ
ଏବଂ ଚାଲିଗଲେ ।

ମୁଁ ସେକାଳୁ
ମଂଚ ପ୍ରତୀକ୍ଷାରେ ।

ଦୁଇ କୂଳ କଥା

କୂଳରେ ପିଟି ହେଉଛି ଡଂଗା ।

କାଇଁ କୋଉ କାଳୁ କେହି
ଆସି ନାହାଁଂତି କୂଳକୁ
କେହି ଲୋଡ଼ିନାହାଁଂତି ଡଂଗାର କୋଳ
ଅପେକ୍ଷା କରି କରି ନାଉରୀ
ଗଛ ହେଇଯାଇଛି
ତା' ଛାଇରେ ଭବିଷ୍ୟତ ଆଶ୍ରୟ ନେଇଛି ।

ଦିନଥିଲା; ଏଇ କୂଳ ପୂରି ଉଠୁଥିଲା
କୋଳାହଳ, ହୁଳହୁଳି, ମିଳନର ମହୁଧ୍ୱନି
ବିଚ୍ଛେଦର ବିବିଧ ସ୍ୱରରେ,
ଏଇ କୂଳ ଥିଲା, ଆର ଦୃଶ୍ୟକୁ
ଯିବା ପାଇଁ ବାଟ
ଏବେ ଯେମିତି କିଏ ପକାଇ ଦେଇଛି
ଶକ୍ତ ଏକ ଅଦୃଶ୍ୟ କବାଟ ।

ନଈ ସେମିତି ବହି ଯାଉଛି
ଅବଶ୍ୟ ଗତିପଥ ଟିକେ ଟିକେ ବଦଳୁଛି
ଆର ପଟର ଦୃଶ୍ୟ
ରହସ୍ୟମୟ ଲାଗୁଛି ।

ଦିନେ କେବେ ଏଇ ନଈ
ହେଇଗଲା ଲାଲ୍
ଦୁଇ କୂଳରେ ଉଡ଼ିଲା ଭିନ୍ନ ଭିନ୍ନ ପତାକା
ନଈ ସ୍ତବ୍ଧ ହେଇଗଲା
ବିବର୍ତ୍ତନର ବ୍ୟାକରଣରେ ।

ତା' ପରଠୁ ଠିକ୍ ଥିଲା
ନଈ ବହିଲା, ଆଗ ଭଳି
ପକ୍ଷୀ ଉଡ଼ିଲେ, ଆଗ ଭଳି
ମାଛ ପହଁରିଲେ, ଆଗ ଭଳି
ହେଲେ ଡଂଗା ଆଉ ଚଳିଲାନି
ଶିଉଳିରେ ସଜେଇ ହେଇ,
ଡାକୁଥିଲା ଆକୁଳରେ, ବିକଳରେ,
କେହି ଶୁଣିଲେନି ।

ଅପେକ୍ଷାର ଅଂତ କେବେ !
ଆଉ କେତେ କାଳ ?
ବଦଳିବ ଭୂଗୋଳ
ପୁଣି ଶୁଭିବ ଗହଳ ଚହଳ
ଡଂଗା ହେବ ଏ କୂଳ ସେ କୂଳ !

ନିଜ ଘର

ଘରକୁ ଫେରିବାକୁ ଡର ।

ପରେ ଏରୁଣ୍ଡି ବନ୍ଧ ଉପରେ
ଜଗି ବସିଛି ବୁଢ଼ା ଅସୁର ।

ବୁଢ଼ିଆଣି ଜାଲରେ ପ୍ରଜାପତିର ଡେଣା
ଯୋତା ଭିତରେ ବସା ବାନ୍ଧିଛି ଆଦିମ ଅନ୍ଧାର,
ବହି ଥାକରେ ଠୁଳ ହୋଇଛି ଭ୍ରାନ୍ତିର ଅଳନ୍ଧୁ
ଡ୍ରଇଂରୁମ୍‌ରୁ ରୋଷ ଘର,
ସବୁଠି କ୍ୟାଲେଣ୍ଡରରୁ କେତେ କେତେ ଠାକୁରଙ୍କ ନଜର,
ଏ ଘର !
ନା ଅଠାକାଠି ପଞ୍ଜୁରୀର ଆସକ୍ତ ଆସର ।

କେମିତି ବସିବାକୁ ହେବ
କେମିତି ହସିବାକୁ ହେବ
ପ୍ରତିଟି ନିଃଶ୍ୱାସ ପ୍ରଶ୍ୱାସର ହିସାବ ଦେବାକୁ ହେବ;
ଘଣ୍ଟା ଘୂରାଇବ ସଂସାର
ମୁଣ୍ଡ ନୁଆଁଇବାକୁ ହେବ ସବୁଠି
ପ୍ରତିଟି ଦ୍ୱାର ଖୋଜିବ ମୋ ଭିତର ବାହାର,
ମତେ କେବେ ଲୋଡ଼େ ନାହିଁ ଘର
ଘରକୁ ଫେରିବାକୁ ହୁଏ
ହେବାକୁ ଅସୁର ଆଁର ଆହାର ।

ଯେତେସବୁ ଆନଂଦ
ସେସବୁ ଘରେ ହିଁ ବାସଂଦ
ଯେତେସବୁ ଲୋଭନୀୟ ଖାଦ୍ୟ
ସେସବୁ ଘରେ ହିଁ ନିଷିଦ୍ଧ ।

ଏମିତି ଏ ଘର;
ମୋ ସୁଖ, ସ୍ୱାଧୀନତାକୁ ନେଇ
ଡଂକେଇଛି କଖାରୁ ଲଟା
ଡେଂଗା ହେଇଛି ନଡ଼ିଆ ଗଛ
ଆକାଶ ପାଇଛି ସ୍କାଇଲାଇଟ୍‌ର ପାରା
ସୁଖରେ ବଢ଼ୁଛି ଶିଉଳି
ମୋ ଚରିପଟେ କିଂତୁ ସହଜ ଓ ଶକ୍ତ ଶିକୁଳି ।
ଏଥର ଫେରିବି ଘର
ଶେଷ ଥର ।
ଭୁଷୁଡ଼ି ଯାଉ ବରଂ ସବୁ କିଛି,
ମତେ ହତ୍ୟା କରିବାକୁ ହେବ
ସେ ଅସୁରକୁ
ଘରର ଆୟତନ ବଢ଼ାଇ,
ସାରା ସଂସାର କରିବାକୁ ।

ଦେଖିବ ଦେଖିବ ତୁମେ;
କେମିତି ଘର ମୋର ଭାଂଗି
ମୁଁ ପାଲଟି ଯାଇଛି
ନିଜ ପାଇଁ ନିଜେ ଏକ ଘର ।

ମାୟା ମଂଦିର

ସେମାନେ ମଂଦିର ଯାଉଛଂତି
କେତେ ଖାଲ ଖମା ଡେଇଁ
ନିଜକୁ କେତେ ନିଆଁରେ ପୋଡ଼ି ପୋଡ଼ି
ସେମାନେ ମଂଦିର ଯାଉଛଂତି ।

ମତେ ଦୟା ଲାଗୁଛି ।

ହାତରେ ଫୁଲ, ଭୋଗ ଥାଳି
ମନରେ ଗୁଣୁଗୁଣୁ ଗୁଡ଼ାଏ ଅବୋଧ ଧ୍ୱନି
ଆର୍ତ୍ତି, ପ୍ରାର୍ଥନା, ଜଣାଣର ଧୂପ ଧରି
ସେମାନେ ନିଜକୁ ଅସ୍ୱୀକାର କରି
ନିଜକୁ ତୁଚ୍ଛ ମନେ କରି
ଏକ ଗଛର ଆଶ୍ରୟ ନେଉଛଂତି ।

ଦେଖ; ଗଛ କେମିତି
ମଣିଷଠୁ ବଡ଼ ହୋଇଯାଉଛି ।

ସେ ଗଛର ଭାଷା ନାହିଁ,
ସେ ଗଛର ଚଳନଶକ୍ତି ନାହିଁ,
ଏକ ବୀଜ ବିକ୍ଷେପରୁ,

ଅକସ୍ମାତ ତା'ର ସୃଷ୍ଟି
ଅଥଚ ତାକୁ ସେମାନେ
ନିଜ ନିଜର ଆୟୁଷ ଦେଇ
ଠିଆ କରାଇଛଂତି ।

ଏବଂ ତା' ସାମ୍ନାରେ ଆଂଠୁମାଡ଼ି ପଡ଼ିଛଂତି ।

ସ୍ରୋତ ଭଳି ଧାଇଁଛଂତି ସଭିଏଁ
ମୁଁ କୂଳରେ
ମୁଁ ଜାଣେ ସେମାନେ ଯେଉଁ ମିଛକୁ
ତିଆରିଥିଲେ,
ଏବେ ତା'ର ଆଶ୍ରୟରେ ।

ଯାଆଂତୁ; ସେମାନେ ମଂଦିର ଯାଆଂତୁ
ମଂଦିରକୁ ପୃଥିବୀଠୁ ପ୍ରାଚୀନ ମନେ କରଂତୁ
ଦିନ ଆସିବ; ମଂଦିର ଫଂଦିର କିଛି ନଥିବ
ସବୁ ମିଶିଯିବ ମାଟିରେ ।

ତଥାପି ହେଜିବେନି ସେମାନେ
ପୁଣି ଗୋଟେ ମଂଦିର କରିଦେବେ
ଆଂଠେଇ ପଡ଼ିବେ ଜୀବନସାରା
ଜୀବନକୁ ଏମିତି ନଷ୍ଟ କରି ଚାଲିଥିବେ ।

ତୁମ ପରି କେହି ଜଣେ

ତୁମେ ନୁହଁ
ନିଶ୍ଚୟ ।
ତୁମ ପରି କେହି ଜଣେ
ଦାଣ୍ଡରେ ଡାକ ଦେଇ ଚାଲିଗଲା
ମୁଁ କବାଟ ଖୋଲି ଦେଖିଲା ବେଳକୁ
ଅଂଧାର ଚକଟି ଚକଟି ସେ ଆଗେଇ ସାରିଥିଲା ।

ତୁମେ ହେଇଥିବ ଭାବି
ମୁଁ ଧାଇଁଲି; କବାଟ ବଂଦ କରିବାକୁ
ମୋର ସମୟ ନଥିଲା ।

ତୁମେ ଏମିତି ବୁଲୁଥାଅ
ଦେଶ ଦେଶ ମହାଦେଶ
କେବେ ଥକି ପଡ଼ିନାହଁ
କେତେ ବେଶ, କେତେ ଭାଷା
କେତେ କେତେ ବିଚିତ୍ର ଭାବକୁ
ଆପଣାର କରିଛ
ତୁମର ପରିଚୟକୁ ସବୁଥିରେ
ଫେଂଟି ଦେଇ ନିଃଶେଷ ହେଇଛ ।

ମୁଁ ଚାଲିଲି ପଛରେ ପଛରେ
ହିଡ଼େ ହିଡ଼େ ନଈ କୂଳେ

ଗହୀର ବିଲରେ
ଲାଗୁଥିଲା ଯେମିତି ଆମର ଯିବାକୁ
କିଏ ଜଣେ ଦେଖୁଥିଲା
ଦୂର ନକ୍ଷତ୍ରରେ ।

ଯେତେ ଚାଲିଲେ ବି
ସେ ଲୋକଠୁ ମୋର ଦୂରତା
ସ୍ଥିର ହୋଇ ସାରିଥିଲା;
ମୁଁ ସିନା ଚାଲୁଥିଲି; ହେଲେ,
ତୁମର ସବୁ କଥା, ଅଂଧାରର ପରଦାରେ,
ଲେଜର ସୋ ଭଳି ଦିଶି ଯାଉଥିଲା ।

ରାତି ସରିନଥିଲା; ଅଂଧାର ଘୁଂଚି ନଥିଲା,
ବୁଲି ବୁଲି ପହଂଚିଲି ମୋ ଘର ସାମ୍ନାରେ,
କବାଟ ସେଇମିତି ମେଲା
ମତେ ଲାଗିଲା ସେ ଲୋକ
ଗାଁ ମୁଣ୍ଡ ଠାକୁରାଣୀ ଘରେ ପଶିଗଲା ।

ଘରେ, ମୋ ଖଟ ଉପରେ
ତୁମେ ଫାଁ ଗାଳି ପଡ଼ିଛ
ଲାଗୁଛ ଭାରୀ କ୍ଳାଂତ !
କେବେ ଉଠୁଛ ଉଠ
ମୁଁ ଅପେକ୍ଷାରେ; ତୁମେ ହୁଏତ କହିପାରିବ
ତୁମ ପରି ଆଉ କିଏ ଅଛି
ଯେ ମତେ ସାରା ଜୀବନ ଏମିତି ବୁଲାଉଛି ।

ହାତ

ମୁଁ ଦୂରର ଦୂର ଏକ କ୍ଳୀବ ନକ୍ଷତ୍ର ଉପରେ
ଏକା ଏକା ସନ୍ନ୍ୟାସରେ ଥିଲି ।
ସେଇଠୁ
ମାୟାର ଇଥର ଦେଇ
ତଳକୁ ଓହ୍ଲାଇ ଆସିଲି ।

ବଦଳିଗଲା ନକ୍ଷତ୍ରର ଗତିପଥ
ସଂଶୋଧିତ ହେଲା ଭୂଗୋଳ ଇତିହାସ
ସେ ହାତରେ
ମୋ ଧୂସର ଆକାଶସାରା ଲିପି ହେଲା ନୀଳ
ପ୍ରତି ଋତୁ ନିଆଁର ଶ୍ରାବଣ
ନିଜକୁ ଭାବିଲି ସଦ୍ୟ ଆବିଷ୍କୃତ ଐତିହ୍ୟର କୀର୍ତି
ପରିପୂର୍ଣ୍ଣ ହେଲା, ମୋର ଅର୍ଦ୍ଧେକ ମୌଳିକ ଶୂନ୍ୟତା
ମୋର ନୋଟ ଖାତା, ଡାଏରୀ
ସବୁତକ ସେ ହାତକୁ ଦେଲି ।

ମୁଁ ଅନ୍ଧାରରେ ତାଲା ଖୋଲି ପାରେନି ବୋଲି
ତୁମେ ଚାବି ଖୋଲ
ମୋ କୋଠରୀର
ତୁମ ହାତ ସହ ମୋ ଭାଗ୍ୟର ପରିଚୟ
ବହୁ ଦିନର ।

ପ୍ରତିଟି ଦେଖାରେ ଗୋଟେ ଘାସ ଗଛ
ଉପାଡ଼ିବାର ସର୍ତରେ
ତୁମେ ପଡ଼ିଆ କରି ଦେଇଥିଲ ଘାସ ବଗିଚା
ମାଟି ଫୁଂଗୁଳା ହେବାରୁ ଖୁବ ଭଲ ଲାଗୁଥିଲା
ମୋର ଏମିତି କେଉଁ ପାପ ପୁଣ୍ୟ ନାହିଁ
ଯେଉଁଠି ତୁମ ହାତ ନଥିଲା ।

ତୁମ ହାତ ତିଆରି କାଗଜ ଚଢ଼େଇ
ଉଡ଼ିଗଲା ଯେ ଉଡ଼ିଗଲା
ତୁମେ ତାଳି ମାରି ନାଚିଲ
ମୋ ଗଛର ସବୁ ଚଢ଼େଇଂକୁ
ଉଡ଼େଇ ଦେଲ ।

ତୁମ ଅଂକା ମାନଚିତ୍ର, ଏବେ
ମୋ କାଂଥରେ
ଯେଉଁଥି ପାଇଁ ଯୁଦ୍ଧ ପାଇଁ ସଜବାଜ
ଏଇ ପୃଥିବୀରେ ।

ଏଇ ହାତ ମୁଠାରେ କ'ଣ ଅଛି
ତୁମେ ପଚାରିଥିଲ ।
ମୁଁ କ'ଣ କହିଥିଲି ଏବେ ମନେ ନାହିଁ
ତୁମେ କିନ୍ତୁ ହସି ହସି ଖୋଲି ଦେଲ ମୁଠା
ଆଶ୍ଚର୍ଯ୍ୟ ! ମୋ ଭଡ଼ା ଘର ।

ଶେଷ ସମୟ

ଯେଉଁ ମାନେ ମରିଲେ
ପୃଥିବୀ ବଞ୍ଚି ପାରିବ
ସେମାନେ ମରିବେ କେବେ ?

ସେମାନେ ଗୋଟେ ଗୋଟେ ଆଟମ ବମ୍
ଦେହରେ ଗୁଡ଼େଇ, ହାତରେ
ଗୋଟେ ଗୋଟେ ଗ୍ଲୋବ୍‌କୁ ଘୂରେଇ ଘୂରେଇ
ଚାଲିଛନ୍ତି ପଥ ଧାରେ ଧାରେ
ଜଳ ପଥରେ, ସ୍ଥଳ ପଥରେ, ଆକାଶ ପଥରେ ।

ଯେଉଁଠି ନିଃଶ୍ୱାସ ପ୍ରଶ୍ୱାସ, ସେମାନଂକ ପ୍ରବେଶ ନିଶ୍ଚୟ ସେଠି
ମଂଦିର ଭିତରେ, ବି ବାହାରେ
ସେମାନେ ଅନ୍ଧାର ଅମଳ କରୁଥିବା ଦୀପ ପରି
ଆମ ଉତ୍ସବ ମଞ୍ଚରେ ।

ସବୁଠି ସେମାନେ, ମାଟି ତଳେ
ବି ମାଟି ଉପରେ, ପଢ଼ା ବହିରେ,
ପ୍ରାର୍ଥନାରେ, କାଉ କା' କା' ରେ
ଏପରିକି ସ୍ତଂଭ ଭିତରେ;
ସମୟ ବ୍ୟତୀତ ଆଉ ସମସ୍ତେ
ସେମାନଙ୍କ ଭୋଜ୍ୟ, ପ୍ରତିଟି ନବ ଜାତକ କପାଳରେ
ସେମାନଙ୍କ ଖୋଜ ।

ପ୍ରେମ ଚିଠି ଠିକଣାରେ ପହଞ୍ଚିବା ପୂର୍ବରୁ
ଲୁପ୍ତ ହେଉଛି ସେ ଭାଷା, ବଂଶୀ ଧ୍ୱନି ଗୁହାଳ
ଛୁଇଁବା ପୂର୍ବରୁ ଧ୍ୱସ୍ତ ହେଉଛି କୁଂଜବନ
ଆଲିଙ୍ଗନର ପ୍ରସାରିତ ହାତକୁ ବନ୍ଧା ଯାଉଛି କ୍ରସ୍‌ରେ
ନଈ ନିଃଶେଷ ହେଉଛି ସିନା
ମିଶି ପାରୁନି ସମୁଦ୍ରରେ ।

ସେମାନେ ଖଞ୍ଜି ଦେଇଛନ୍ତି ପ୍ରତି ଚେର ତଳେ ପଥର
ପ୍ରତି ସ୍ୱର ଚାରିପଟେ ହାହାକାର
ଭାଇରସ୍ ଦେଇ ବ୍ୟାପୁଛନ୍ତି ରକ୍ତ ପ୍ରବାହକୁ
କମ୍ପ୍ୟୁଟରରେ ସାଇତା ଅର୍ଜିତ ବିବେକକୁ
ସେମାନେ ଆମ ଛାଇକୁ ନଷ୍ଟ କରିସାରିଲେଣି
ଆକୁଳ ଅନୁନୟର ମୁଦା ହାତ ଦେଇ
କଳା ଆକାଶ ଦେଖାଇ ସାରିଲେଣି ।

ଯାକୁ କ'ଣ ମାଳିକା କୁହେ ପରା
କଳିକାଳ ! ଯୁଦ୍ଧର ବାକିଥିବା
ଶେଷ ପ୍ରହର !

ତେବେ ଆଉ କେତେ କାଳ ?

ପଛ କଥା

ତୁମ ଦୀର୍ଘଶ୍ୱାସରେ ପୋଡ଼ିଯାଉଛି
ଶିଶିରଭିଜା ଲନ୍‌ର ସବୁଜିମା
ତୁମ କୋହର ତାତିରେ କଳା ପଡ଼ିଯାଉଛି
ଏଇ ଶୀତୁଆ ସକାଳ
ଲାଗୁଛି ତୁମେ ଶୋକ ଖବରଟିଏ ଭଳି
ବହୁ ଦୂର ବୁଲି ବୁଲି,
ଥକି ଯାଇ ବସି ପଡ଼ିଛ
ମୋ ସାମ୍ନାରେ;
ମୁଁ ଅତୀତ ହୋଇପାରୁନି
ତେଣୁ ପୂରା ରହିପାରୁନି ତୁମ ଯନ୍ତ୍ରଣାରେ ।

ଓଦା ଦିଆସିଲି କାଠିର ଭବିଷ୍ୟତ ଥାଇପାରେ
ବର୍ତ୍ତମାନ କାହିଁ !
ପାଦରେ ଦଳି ହେଇଥିବା ସଳୀତାରେ,
କିଏ କ'ଣ ନିଆଁ ଲଗେଇବ !
ମୃତ ଦିନମାନଙ୍କୁ କେଉଁ ସଂଜୀବନୀ ଛିଂଚି
ଉଠେଇ ହେବ !

ତୁମ ଦୁଃଖର ଉଚ୍ଚତା, ଗଭୀରତା
କେହି ବୁଝିବେନି
କାରଣ ଦୁଃଖକୁ କେଉଁ ଶବ୍ଦରେ,
ବୁଝାଇ ହୁଏନି ।

ଦିନ ଥିଲା; ତୁମେ ଜଗତକୁ ଅସ୍ୱୀକାର କରୁଥିଲ
ନିଜେ ସୃଜୁଥିଲ ନିଜର ଜାତକ
ଅଧାଗଢ଼ା ମୂର୍ତ୍ତିଂକର ଅଗଣାରେ
ତୁମେ ଏବେ ଖୁବ ଏକୁଟିଆ
ସଂକୁଚିତ ତୁମର ଦୁନିଆ ।

ଯେଉଁସବୁ ପାହାଚ ତୁମକୁ
ଏଠି ପହଂଚାଇଲେ,
ସେମାନେ କୁଆଡ଼େ ଗଲେ !
ଯେଉଁସବୁ ସ୍ୱପ୍ନ ତୁମକୁ
ସଜୀବ ରଖିଥିଲେ,
ସେମାନେ କୁଆଡ଼େ ଗଲେ !

ତୁମେ ରହିଯାଇଛ ଅତୀତରେ
ଏକ ଘୂର୍ଣ୍ଣିରେ, ଐକ୍ୟତାନରେ
ତୁମକୁ ସମୟ ଛାଡ଼ି
ଧାଇଁଛି ଆଗରେ ।

ଏବେ ଭୁଲିବାକୁ ହେବ ସବୁକୁ
ଦେଖ; କୁହୁଡ଼ିକୁ ଭୁଲି ଯାଇ
କେମିତି ସକାଳ ଆସିଛି
ସୂର୍ଯ୍ୟ ଦେଖିବାକୁ ।

ନୂଆ ନଈ

ଆମେ ଖୋଜୁଥିଲୁ
ସେଇ ନଈକୁ
ଯେଉଁ ନଈ ଅତୀତ ହେଇ ଯାଇଥିଲା
ନଈ କେବଳ ଜନଶ୍ରୁତିରେ ଜୀଇଁଥିଲା ।

ଅଥଳ ଥଳ ଅଂଧାର
କାତ ପାଉନଥିବା ସ୍ରୋତ
ସେଥିରେ ଦିଶିଯାଉଛି ଅନେକ ଆତ୍ମୀୟଂକ ମୁହଁ
କେତେ ଯୁଦ୍ଧ, ଶାଂତି ଓ ପ୍ରୀତିର ପତାକା
ଶେଷ ହୋଇନଥିବା ଶୋଷଂକର ଲଂବା ଧାଡ଼ି
ସହସ୍ର ସହସ୍ର ଇଛା ଅଚଳ ହେଇ ପଡ଼ିଛଂତି
ତଳକୁ ଯାବୋଡ଼ି ।

କେମିତି ସମୟ ସାରିଦିଏ ସବୁକୁ
ବଂକୁଲୀ ବାଡ଼ି ଉପରେ ବସି
କଢ଼ାଇନିଏ ଉଦ୍ୟାନକୁ
ଶେଷ ବୋଲି ଲାଗୁଥିବା
ଆଉ ଗୋଟେ ଆରଂଭକୁ ।

ଇଂଦ୍ରଧନୁର ଆୟୁଷ କେତେ !
ପ୍ରଜାପତିର ପରମାୟୁ କେତେ !
ସଂଜ ସଳୀତା ଜଳେ କେତେ କାଳ !

ଗୋଟେ ଧୁନ୍ ରହେ କେତେ ବେଳ !
ଖୁବ୍ ଶୀଘ୍ର ସରିଯାଏ
ସବୁ ଭଲ ଓ ସୁଂଦର ।

ଆମେ ମାଟି ଖୋଳିଲୁ
ମାନଚିତ୍ରକୁ ତାଡ଼ିଲୁ
ଇତିହାସକୁ ଘଂଟା ଘଂଟି କଲୁ
ପାଇଲୁ ଗତି ପଥ; ଯେଉଁଠି ଗତି
ପାଲଟିଯାଇଛି ଅସରଂତି ଇତି ।

ଆମର ନଈ ଦରକାର; ହେଲେ
ନଈର ଆୟୁଷ ନଥିଲା
ନଈ ମରି ଯାଇଥିଲା ।

ଆମେ ସବୁ ନିଜ ନିଜର ଅବଶିଷ୍ଟ ଆୟୁଷ
ନଈକୁ ଦେଇଦେଲୁ
ଅତୀତର ଅବୋଧ ଅଂଧାରରେ
ଦୀପ ହେଇଗଲୁ ।

ନଈ ବହିଲା ଆଗ ଭଳି
ଦୁଇ କୂଳ ପଡ଼ିଲା ଉଚ୍ଛୁଳି
ହେଲେ; ସେ ପୁଲକ ଅନୁଭବିବାକୁ
ଆମେ ନଥିଲୁ ।

କିଏ ନିଶ୍ଚେ ଖୋଜିବ ଆମକୁ
ସେଇ ଅପେକ୍ଷାରେ ରହିଗଲୁ ।

ବଇଁଶୀଆ

ତେଣେ ପହଂଡ଼ି ପରେ
ମଦନମୋହନ ବିଜେ, ଚିତାଲାଗି
ଛେରା ପହଁରା ସାରି, ଘରମାଳ ଫିଟାଯାଇ
ଘୋଡ଼ା ସାରଥି ଲାଖିଲେଣି
ମୁଁ ଏସବୁ କିଛି ଦେଖିନି ।

ଚେକ୍ ଲୁଂଗି, ଧଳା ସାର୍ଟ, କଳା ମୁହଁ
ବଡ଼ ଦାଂଡ଼ର ଜନ ସମୁଦ୍ର ଭିତରେ
ଏ ମୋର ଭାସମାନ ଦ୍ୱୀପ
ମୋହ ଓ ଆଶ୍ରୟ
ଶୈଶବର ବିଶାଳ ବିସ୍ମୟ, ଯୌବନର କ୍ଷତ
ଜୀବନର ଏକକ ମୌଳିକ ଲୟ ।

ସେ ବଇଁଶୀଆ ପାଖରେ
ସତରେ ମୁଁ ଏକ ପ୍ରିୟ ପରାଜୟ ।

ପ୍ରଥମେ ହାରିଥିଲି, ପିଲାବେଳେ
ଗାଁ ମେଳଣରେ
ଏବେ ପ୍ରତି ଯାତରାରେ ।

ତଥାପି ବଇଁଶୀ କିଣା ସରିନି
ଯଦିଓ ଜୀବନ୍ନ୍ୟାସ ଦେବାର ସାମାନ୍ୟ
ସାମର୍ଥ୍ୟ

ମୋ ଭିତରର କ୍ଲୀବ ପବନ
ଏଯାଏଁ ପାଇନି ।
ମୁଁ କ'ଣ ଚାହିଁଛି
ମାଲକୋଷ, ସୁମନ କଲ୍ୟାଣ, ତୋଡ଼ି !
କେବଳ ଚଳୁ ସୁର୍‌ଟିଏ ବାହାରି ପାରିଲେ
ଧନ୍ୟ ହୁଅନ୍ତି ।

ମୁଁ ଚାହିଁନି ବଇଁଶୀ ବଜେଇ
ଦେହରୁ ଖସେଇଦେବି ବସ୍ତ୍ର, ବଶ କରିବି
ଲୋଭମାନଂକୁ
ଇଚ୍ଛା; ନିଜେ ଲଗଂଲା ମୁକୁଳା ହୋଇ
ନିଜକୁ ନିଜେ ଛୁଇଁବାକୁ
ଇଥରରେ ଇତି ହେବାକୁ ।

ମୁଁ ଆସୁଛି ବଡ଼ ଦାଂଡ଼କୁ
ଯାତ୍ରା ଦେଖିବାକୁ ନୁହଁ, କେବଳ
ସେ ବଇଁଶୀଆକୁ ଦେଖିବାକୁ
ଶୁଣିବାକୁ ।

ଯାତ୍ରାରୁ ଫେରିଲେ, ମୋ ସହ ଫେରେ
ଗୋଟେ ବଇଁଶୀ
ବିପୁଳ ବିଫଳତା
ଏକ ବିକ୍ଷୁବ୍ଧ ସମୁଦ୍ର ଗର୍ଜନ
ତା' ମଧ୍ୟରେ ସେ ବଇଁଶୀର ସ୍ୱର
ଏମିତି ପ୍ରତିଟି ଯାତ୍ରା ଦେଖା ମୋର ।

ବିସ୍ଥାପନର ବ୍ୟଥା

ମୁଁ ବିଶ୍ୱାସ କରୁନି ଏ ସବୁକୁ ।
ଅବଶ୍ୟ ବିଶ୍ୱାସ ଅଛି ତୁମ ବିଶ୍ୱାସକୁ ।
ମୁଁ ଜାଣେ ଏ ଗଣିତ, ମାନଚିତ୍ର
ପାପ ପୁଣ୍ୟର ସାହିତ୍ୟ
ସବୁ ଏଇ ହାତରେ ତିଆରି
କଳ୍ପନା ଓ ଛଳନାର କମକୂଟରେ
ସଜା ହୋଇଛି ଘର, ମନ୍ଦିର, ପୁରାଣ, ସମ୍ବିଧାନ
ଅସଲ ମୂର୍ତ୍ତି ଉପରେ ପଲସ୍ତରା ।

ଆଖିରେ ପରଳ
ଅମୃତ ଉପରେ ଗରଳର ସର ।
କାହାକୁ କହିବି
ବୁଝିବା ଲୋକ ମିଳିଲେତ ।

ତେଣୁ ମୁଁ ନିରବତାର ନିର୍ମୋକରେ
ଲୁକ୍‌କାୟିତ ।
କାଳ କାଳ ଧରି ଗଡ଼ିଛି ବାଲିଗରଡ଼ା
କେତେ କେତେ ଲଭିଛି ଆକାର
କେବେ କେବେ ପୁଣ୍ୟର ପ୍ରତୀକ
ତ କେବେ ହାହାକାର
ସଦା କାଳ ପରାଧୀନ ଏକ ଅଂତହୀନ ପ୍ରବାହର ।

ମୁଁ ସବୁକୁ ଅସ୍ୱୀକାର କରୁଛି
ତୁମ ଭାଷା, ଭାବ, ଭଂଗୀ
ତୁମ ଅକ୍ଷର, ସଂସାର, ଈଶ୍ୱର
ଅସ୍ୱୀକାର କରୁଛି ସବୁ ଆବରଣକୁ
ଯେତେ ସବୁ ତିଆରି ପରିଚୟକୁ ।

ସବୁ ବୁଝିକି ନିର୍ବୋଧ ଭଳି
ଏଇଠି ରହିବାକୁ ହେବ
ତୁମ ସହ ସମୟକୁ ସଜେଇବାକୁ ହେବ
କାରଣ ତୁମର ବିକଳ୍ପ ମିଳିପାରେ
ଆଉ ଗୋଟେ ବାସଯୋଗ୍ୟ ପୃଥିବୀ କେଉଁଠୁ ମିଳିବ !

ପଳାୟନ ପଥ

ଅଂଧାର ଚକଟି ଚକଟି ଆସୁଛଂତି ଦଳେ ଲୋକ
ଯେତେ ଭାକ୍ ଭାକ୍ କଲେ ବି ହୁରୁଡୁ ନାହାଂତି
ମାଡ଼ି ଆସୁଛଂତି ରାସ୍ତା ଆଡ଼କୁ
ଯେଉଁ ରାସ୍ତା ପଡ଼ିଛି ଆମ ଆଡ଼୍‌ଡ଼ାକୁ ।

ସେମାନେ କେମିତି ଜାଣିଲେ ରାସ୍ତା
ବାଟ ତାଂକୁ ଦେଖାଇଲା କିଏ ?
ଥରେ ରାସ୍ତା ପାଇଗଲେ,
ଆମକୁ ଇତିହାସ କରିଦେବେ ସିଏ ।

ସେମାନେ ଥିଲେ ଝରଣା କୂଳରେ,
ଗଛ ଡାଳରେ ପର୍ବତ କାଂଧରେ,
ନିଜ ନିଜର ଗଣତଂତ୍ରରେ
ସେମାନେ ସଂଖ୍ୟା ହୋଇ ବଂଚୁଥିଲେ
ମରୁଥିଲେ ବଂଚୁଥିଲେ
ଗୋଟିଏ ତାଳରେ;
କିଏ ହାତ ମାରିଲା ବିରୁଡ଼ି ବସାରେ
ଖେଦିଯିବେ ଆକାଶ, ଖୋଳିଦେବେ ମାଟି
ଉଝାଳି ଦେବେ ସମୁଦ୍ର, ଭାଂଗିଦେବେ ସୌଧ
ଅଟକାଇ ପାରିବନି ଆଉ କେଉଁ ବଂଧ !

ତାଂକୁ ଯେତେ ମାରିବ
ସେମାନଂକ ସଂଖ୍ୟା ସେତେ ବଢ଼ିବ
ତାଂକୁ ଯେତେ ଅଟକାଇବ
ସେମାନେ ସେତେ ପ୍ରସାରିତ ହେବେ
ମୃତ୍ୟୁକୁ ଡର ନାହିଁ ତାଂକର
କାରଣ ଜୀବନ ପାଲଟିଛି ମୃତ୍ୟୁଠୁ ବେଶୀ ଭୟଂକର ।

ଚାଲ ଆମେ ପଳେଇବା ଚାଲ
ସେମାନେ ଯେଉଁଠୁ ଆସୁଛଂତି
ସେଇଠି ହିଁ ଲୁଚିବା ଚାଲ ।

ଏକ କାହାଣୀର ଆରଂଭ

ତୁମେ ଜାଣିନ
ତୁମଠୁ ଏକ କାହାଣୀର ଆରଂଭ; କ୍ରମଶଃ
ସେ କାହାଣୀର ପ୍ରତ୍ୟେକ ଧାଡ଼ିରେ ତୁମେ
ଅଥଚ ତୁମେ ଅଜ୍ଞ ।

ଜୀବନ ଅଟକି ଯାଇଥିଲା କାଂଜିଆହୁଦାରେ
ସ୍ୱପ୍ନ ପାଲଟିଥିଲା ବାତିଲ ଟ୍ରେନ୍ ଟିକେଟ୍
ଅଠାକାଠି ପିଂଜରାରେ ସଢୁଥିଲା ସମୟ,
ସାର୍ଟ ସାରା ରକ୍ତର ଶୁଖିଲା ଚିହ୍ନ,
ବିରକ୍ତିର ଅକ୍ଟୋପସ୍ କାବୁ କରୁଥିଲା
ଦେହ, ମନକୁ; ଗାଡ଼ି ଅଟକି ଯାଇଥିଲା
ଠିକଣା ଘୁଂଚୁଥିଲା ଦୂରକୁ ଦୂରକୁ ।

ତୁମେ ଆସିଥିଲ ଗହଳି ଭିତରେ,
ଆସୁଥିଲ ଯାଉଥିଲ ସକାଳ ସଂଜପରି,
ସଜନା ଗଛରେ ବସୁଥିବା ପକ୍ଷୀ ପରି,
ମୋର ନଜର ନଥିଲା;
ମୁଁ ଘାଂଟି ହେଉଥିଲି ମୋ କାଦୁଅରେ,
ଆଖି ଖୋଲା ଥିଲେ ବି
ଦେଖି ପାରୁନଥିଲି ।

ବେଳେ ବେଳେ ଏମିତି ବି ହୁଏ
ନିଇତି ଦେଖୁଥିବା ଦୃଶ୍ୟ; ହଠାତ୍
ଚିରକାଳ ଟାଣି ରଖିଦିଏ ।

ତୁମେ କ'ଣ
ସାରା ଜଗତକୁ ଅଜ୍ଞାତ
ମୁଁ ତୁମ ପ୍ରତି କେତେ ଆସକ୍ତ ।

ଏବେ ସେଇ ଆସକ୍ତି ହିଁ
ମୋ ଜୀବନର ଶକ୍ତି ।
ମୋର ଚାରିପାଖ ଚକ ଅଖ ଠିକ୍ ଚାଲିଛି
ସକାଳ, ସଂଜ, ଆକାଶ, ମାଟି
ପ୍ରାର୍ଥନା ଘର, ଶୋଇବା ଘର
ସବୁ ସୁଂଦର ଲାଗୁଛି
ଯେମିତି ମୁଁ କୋମାରୁ ଉଠି
ଅଲିଂପିକ୍ ଦୌଡ଼ରେ ଭାଗ ନେଇଛି ।

ମୁଁ ଚିରକାଳ ତୁମ ପାଖରେ ଋଣୀ
ମୁଁ ଭାଗ୍ୟବାନ କାଂଗାଳ
ଚିରକାଳ କ୍ଷୁଧାର ମୁଦ୍ରାରେ
ତୁମେ ଐଶ୍ୱର୍ଯ୍ୟର ଦୟାବତୀ ରାଣୀ ।

ଲିଭିଆସୁଥିବା ଚୂଲୀ ପାଇଁ
ତୁମେ ହିଁ ଜାଳେଣି ।

ତୁମଠୁ ଯେଉଁ କାହାଣୀର ଆରଂଭ
ତାହା ମୋ'ଠାରେ ଶେଷ;
ଦେଖ ବେଳେ ବେଳେ ଅବଶୋଷ
ହିଁ କେମିତି ଜୀବନକୁ
ଯୋଗାଉଛି ପ୍ରଶ୍ୱାସ ।

ପ୍ରେମ ପଥ

ତୁମକୁ ଖୋଜିବାକୁ
ମୁଁ କ'ଣ ନକରିଛି !
ଏବେ କହିବାକୁ, ସତରେ,
ଲାଜ ଲାଗୁଛି ।

ଇତିହାସଠୁଁ ଭୂଗୋଳ ଯାଏଁ
ଅକ୍ଷରଠୁ ଅଂତରୀକ୍ଷ ଯାଏଁ
କେତେ କେତେ ଭାଷା ମୁଁ ସାଧିଛି
ଏମିତି ଅପହଁରା ନଈ କିଛି ଅଛି !

ଗଛରୁ ପତ୍ରଟିଏ ଖସିଲେ
ଲାଗେ ତୁମର ଏ ଚିଠି
ଆକାଶରେ ଅବୋଧ ଅଂକନ ଦେଖିଲେ
ଭାବେ ତୁମର ଏ କୀର୍ତ୍ତି
ଯେତେ ଯେତେ ସ୍ପର୍ଶ ମତେ ଉଲ୍ଲସିତ କରେ,
ସେ ସବୁ ତୁମଠୁ ଉତ୍ପତ୍ତି
ଯାହା ମୁଁ କରଇ ଯାହା ମୁଁ ଭାବଇ
ସବୁରେ ତୁମ ବିନା ଆନ କିଛି ନାଇଁ ।

ମତେ ଲାଗେ ତୁମେ ଅଛ
ଏଇଠି କୋଉଠି
ଯେ କୌଣସି ମୁହୂର୍ତ୍ତରେ

ଆସି ଯାଇପାର
ତେଣୁ ମେଲା ମୋର ଦ୍ୱାର
ଉନ୍ମୁଖ ଇଂନ୍ଦ୍ରିୟ, ଉଜାଗର ଚିରକାଳ।

କାହାକୁ କହିପାରିନି, ପଚାରିନି
କାହାକୁ ତୁମର ଠିକଣା
ଅବାଂତର ଲାଗିଛି ମତେ
ଶାସ୍ତ୍ର, ସୂତ୍ର, ମାନଚିତ୍ର
ଏଠାକାର ଯେତେ ଯେତେ ଅବ୍ୟର୍ଥ ଏଷଣା।
ତଥାପି ବି ଅନେକଂକ ପାହାଚ ଚଢ଼ିଛି
ଅନେକଂକ ଶ୍ଲୋକ ଉଚ୍ଚାରିଛି
ସବୁ ସମୁଦ୍ର ମଂଥିଛି
ଏସବୁ ବଂଧାର ସହବାସ
ଭଳି ମନେ ହେଇଛି।

କାହାକୁ କହିବି, କ'ଣ ଖୋଜୁଛି
ଅମୃତ, ପାରିଜାତ, ଐରାବତ
ଏଇଥିରେ ଏଠାକାର ଖୋଜିବା ସୀମିତ।

ତୁମେ କିଂତୁ ତା' ଠୁ ବହୁତ ବହୁତ।

ତୁମେ ସତରେ ଅତୀତର ଅତୀତ
ଓ ଭବିଷ୍ୟତର ଭବିଷ୍ୟତ।

ତୁମକୁ ଖୋଜିବାକୁ ମୁଁ କ'ଣ ନକରୁଛି !
ମୋର ଖୋଜିବା ପ୍ରଥମ ନିଶ୍ଚୟ
ତା'ର ଶେଷ ନିଶ୍ଚେ ଅଛି।

www.ingramcontent.com/pod-product-compliance
Lightning Source LLC
Chambersburg PA
CBHW031115080526
44587CB00011B/986
9781645601036